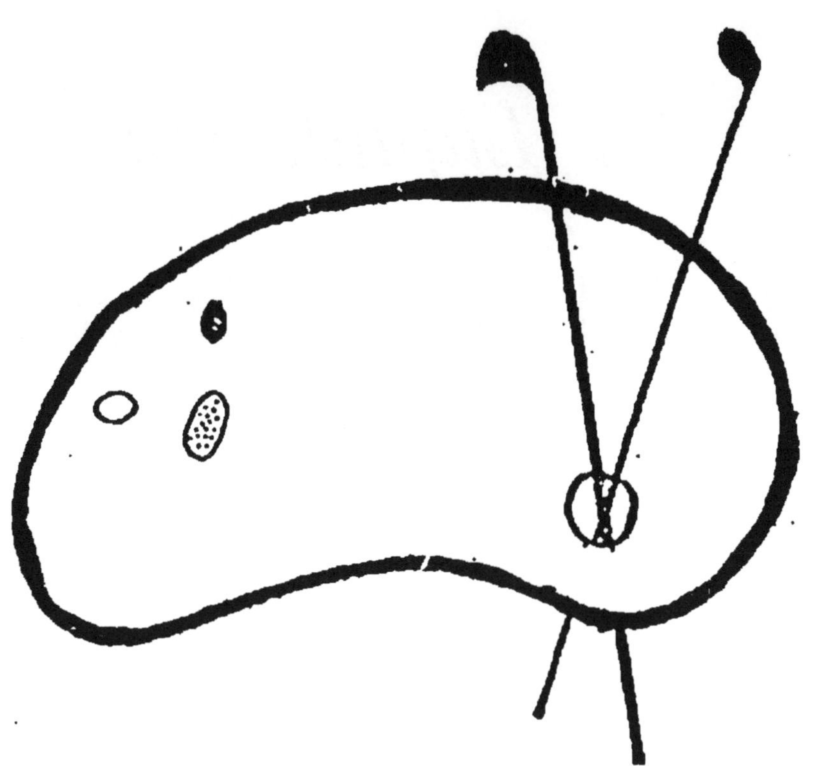

LOUIS LEGER

MEMBRE DE L'INSTITUT
PROFESSEUR AU COLLÈGE DE FRANCE

La Liquidation de l'Autriche-Hongrie

PARIS, FÉLIX ALCAN

Prix : 1 fr. 25

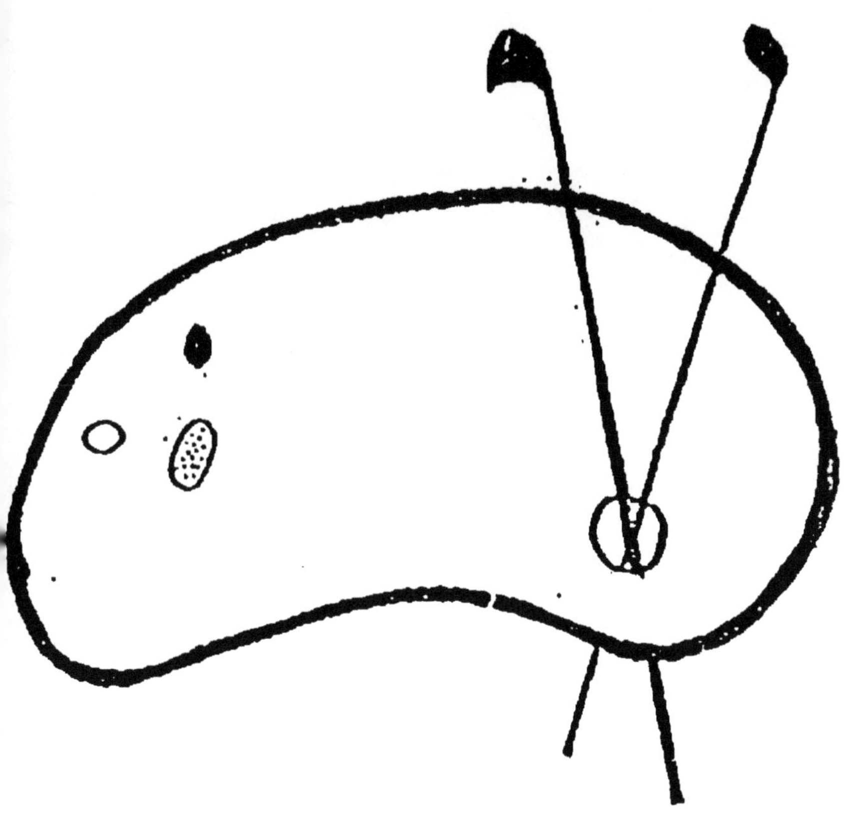

FIN D'UNE SERIE DE DOCUMENTS
EN COULEUR

La Liquidation

de

l'Autriche-Hongrie

A LA MÊME LIBRAIRIE

RÉCENTS OUVRAGES DE M. LEGER

RELATIFS AUX PEUPLES SLAVES

La Renaissance tcheque au XIXe siècle, 1 volume in-16 (librairie F. Alcan). **3.50**

La Race slave, traduit du tchèque de NIEDERLÉ (librairie F. Alcan). **3.50**

Histoire de l'Autriche-Hongrie, 1 volume, 5e édition (librairie Hachette).

Russes et Slaves, 2 volumes (Hachette).

Le Monde Slave, 2 volumes (Hachette).

Souvenirs d'un Slavophile, 1 volume (Hachette).

La Mythologie Slave (librairie Leroux).

Moscou (librairie Laurens).

Prague (librairie Laurens).

La Liquidation
de
l'Autriche-Hongrie

PAR

LOUIS LEGER

MEMBRE DE L'INSTITUT

PROFESSEUR AU COLLÈGE DE FRANCE

PARIS

LIBRAIRIE FÉLIX ALCAN

108, BOULEVARD SAINT-GERMAIN, 108

—

1915

AVANT-PROPOS

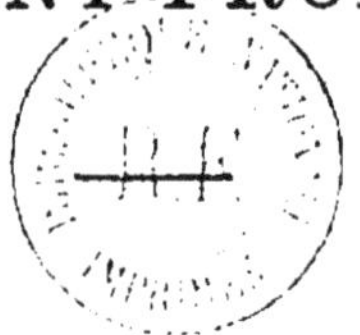

Je n'ai pas insisté dans le présent travail sur ce qui concerne la Galicie, la Bukovine et la Transylvanie. Il va de soi que, lors de la liquidation, les pays polonais et russes reviendront à la Pologne et à la Russie.

De même les pays roumains seront tout naturellement adjugés au royaume de Roumanie, pourvu toutefois que le gouvernement de Bucarest veuille bien faire ce qu'on attend de lui.

L. L.

La Liquidation de l'Autriche-Hongrie

I

LA LIQUIDATION DE L'AUTRICHE-HONGRIE

Parmi les problèmes qui se poseront devant l'Europe au lendemain d'une guerre où l'Allemagne et l'Autriche doivent nécessairement succomber, l'un des plus graves est celui que soulève la liquidation définitive de l'Autriche-Hongrie.

L'État autrichien a pu avoir sa raison d'être à l'époque où les populations de l'Europe centrale avaient chaque jour à redouter l'invasion des Osmanlis.

Suivons un peu, à travers l'histoire, l'évolution du groupe autrichien ou, comme on l'appelle aujourd'hui, — par un mensonge officiel — du groupe austro-hongrois. Cette évolution prend son point de départ au règne de Rodolphe de Habsbourg (1382), qui possède, outre l'Autriche proprement dite, la Styrie et la

Carniole mi-allemandes, mi-slovènes. Je laisse de côté ses possessions éphémères en Suisse. En 1363, ce groupe s'est accru du Tyrol, en partie allemand, en partie italien. Mais à ce moment-là l'Italie, en tant qu'unité morale et politique, n'existe guère que dans les sonnets de Pétrarque. L'usage courant de la langue latine crée une culture unique aux esprits supérieurs, et les illettrés ne se soucient guère des questions de nationalité. Trieste ne songe guère à l'Italie, et en 1382, pour échapper à Venise, elle se met sous la protection du duc Léopold III et lui offre un débouché sur l'Adriatique. Sous Maximilien Ier (1482-1510) le groupe s'arrondit par l'acquisition de Mitterbourg, du Pusterthal et du comté italo-slave de Gorica[1]. En somme, au début du seizième siècle, à l'avènement de Ferdinand Ier (1519), le groupe autrichien forme un État compact, qui occupe environ deux mille milles carrés et qui est composé pour la plus grande partie d'Allemands, auxquels il faut joindre un certain nombre de Slovènes et d'Italiens. Je laisse en dehors de ces constatations les possessions disséminées en Souabe, en Alsace et dans la Forêt Noire.

A la diète de Cologne en 1512, l'Allemagne est divisée en dix cercles. Les possessions autrichiennes constituent l'un de ces dix cercles. A la diète de 1506, Maximilien Ier songe déjà à identifier l'intérêt des Habsbourg avec l'intérêt du monde germanique. Il

1. Diminutif du slave Gora, montagne ou forêt.

déclare « qu'il espère bien lui apporter les couronnes de Bohême et de Hongrie, si on lui vient en aide et si la Hongrie est réduite à l'obéissance ». A ce moment la couronne de Bohême (Bohême, Moravie, Silésie) comprend une majorité de Tchèques et malheureusement aussi une minorité d'Allemands, infiltrés par voie de colonisation pour exploiter des mines ou défricher des forêts.

La couronne de Hongrie comprend des Magyars, des Slaves, des Roumains et des Allemands, appelés eux aussi pour coloniser.

Ces deux royaumes sont encore des États indépendants. En présence du danger musulman, ils ont la fâcheuse idée, au lieu de conclure un simple traité d'alliance offensive et défensive, de se réunir en adoptant le même souverain. Vladislav Jagellon, élu roi de Bohême depuis 1471, devient roi de Hongrie en 1490 et réunit sur sa tête les deux couronnes de saint Vacslav et de saint Étienne. Mais il ne sut guère justifier les espérances de ses électeurs. Son fils, Louis II, ne montra pas plus de vertu guerrière, livra la Hongrie à l'invasion musulmane et périt dans les marais de Mohacz (26 août 1526).

Dès l'année 1515, Maximilien, fidèle à la politique matrimoniale des Habsbourg (... *Tu felix Austria nube*), avait négocié le mariage de son petit-fils Ferdinand avec la fille de Vladislav Jagellon, Ferdinand, duc d'Autriche, réussit à se faire élire, en 1526, par les

États de Bohême. En Hongrie, un parti avait appelé au trône Jean Szapolyai, qui eût été un souverain national. Un autre parti lui opposa Ferdinand, qui, d'ailleurs, ne sut point défendre son nouveau royaume contre l'invasion musulmane. A dater de son règne, il y eut en réalité trois Hongries : la Hongrie occidentale, où le Habsbourg régnait effectivement ; la Hongrie centrale occupée par le pacha turc, lequel y résida jusqu'à la fin du dix-septième siècle, et la Transylvanie, gouvernée par des voïvodes ou grands princes nationaux jusqu'à l'année 1711. La Hongrie qui avait appelé l'étranger, eut-elle du moins à se féliciter des bienfaits qu'il lui apportait ? Nullement. Au seizième siècle, un diplomate vénitien résumait ainsi ses impressions sur la situation du royaume : « Les Hongrois, disait-il, détestent la maison d'Autriche ; ils se considèrent non seulement comme soumis, mais comme méprisés par elle, attendu *qu'on leur impose le gouvernement des Allemands, leurs ennemis naturels.* » Cet état de choses a duré jusqu'en 1867. A dater de cette époque, les Magyars n'ont plus été opprimés par les Allemands et se sont dédommagés en opprimant à leur tour les Slovaques, les Russes, les Serbes, les Croates et les Roumains. La Bohême n'eut guère plus à se féliciter de la nouvelle dynastie. Sauf sous le règne de Rodolphe, qui fit de Prague sa capitale, elle connut, elle aussi, l'exploitation de la nationalité fondamentale, la nation tchèque, par un peuple étranger. Les descendants spirituels de Jean Hus, les Évangéliques, furent persécutés. La Bohême se révolta en 1618, appela un souverain étranger, Frédéric le Palatin, et succomba. On sait de quelle façon se vengea l'Autriche victorieuse. Rappelons seulement le célèbre distique :

Si cervix foret una tibi, gens czechica credam,
Uno momento demetet una dies.

Rappelons aussi ce mot naïf d'un jésuite, le père Caraffa : « On a reconnu que, pour éclairer les Bohêmes et les ramener dans la bonne voie, il n'y avait qu'un seul moyen, la persécution. »

Et cependant la *gens czechica* n'est pas morte. Après avoir sommeillé au dix-septième et dix-huitième siècles, elle s'est réveillée, et sa résurrection a été l'un des plus étonnants phénomènes du dix-neuvième. Aujourd'hui, en attendant l'émancipation définitive, ceux de ses fils qui ont échappé aux cadres de l'Empire combattent dans les rangs de l'armée française et de l'armée russe.

Quant à la Hongrie magyare, sa destinée ne fut pas moins pénible que celle de la Bohême slave. Deux mots suffisent à caractériser la conduite de la maison d'Autriche à son égard : celui de Léopold Ier, *Faciam Hungariam captivam, posteà mendicam, deinde catholicam*, et cet autre du jésuite Wagner : *Gens dura et pervicax non nisi atrocibus suppliciis coerceretur*. Et il ne faut pas croire que la réconciliation ait jamais été sincère entre les Magyars et la dynastie. Le fameux *Moriamur pro rege nostro Maria Theresa* ne fut pas l'explosion d'un sentiment chevaleresque, comme on l'imagine trop volontiers, mais le résultat de négociations longuement discutées et d'émotions habilement préparées. La princesse qui avait été l'objet de ce prétendu enthousiasme est la même à laquelle s'attache l'odieux souvenir du premier partage de la Pologne, partage qui, de la part de l'Autriche et de la Prusse, fut un simple rapt. Marie-Thérèse elle-même déplorait ce partage *si inique* (ce sont ses propres expressions, *mais* surtout *si inégal* : « Quel exemple nous donnons au monde, écrivait-elle, à Kaunitz, en prostituant notre honneur et notre réputation pour un morceau de Pologne, de Moldavie ou de Valachie ! » Frédéric II appréciait à leur juste valeur ces angoisses de son auguste complice : « Elle pleurait toujours et prenait toujours. » L'acquisition de la Bukovine, réalisée quelques années plus tard, ne fut guère plus justifiée que celle de la Galicie. En 1875, François-Joseph a fêté l'anniversaire de cette conquête en dotant d'une université allemande cette province de langue russe et roumaine.

Le dix-huitième siècle voit également la maison d'Autriche mettre la main sur la Belgique et l'Italie. Le traité de Rastadt (1714) lui assure la possession des Pays-Bas, de Milan, de Naples, de l'île de Sardaigne, qui fut échangée en 1720 contre la Sicile. En 1735, le traité de Vienne lui donna Parme et Plaisance. On sait comment celui de Campo-Formio (1797) lui valut le territoire vénitien, l'Istrie, la Dalmatie, Cattaro. Inutile d'insister sur les souvenirs qu'a laissés la domination autrichienne en Italie. Nous avons tous lu les *Mémoires* de Silvio Pellico, et l'Italie, dans la guerre actuelle, n'a qu'à répéter le cri de ses pères : « *Fuori i Tedeschi!* Dehors les Allemands ! » Faisons cependant une réserve pour ce qui concerne la Dalmatie, Raguse et Cattaro.

Ces régions ont été occupées militairement par Venise, et les principales cités du littoral ont pris un vernis italien. Mais la population indigène est foncièrement serbo-croate. Raguse et Zara sont des foyers de culture et de civilisation slave. Je ne puis que renvoyer sur ce point à des études antérieures [1]. Au moment de la liquidation suprême, ces régions devront revenir non pas à l'Italie, mais à la Serbie intégrale.

En 1795, lors du troisième partage de la Pologne, l'Autriche avait acquis la Galicie orientale, principalement habitée par des *Rusini*, autrement dit des Russes, que l'on s'est efforcé tour à tour de germaniser ou de poloniser, et qui paraissent devoir faire définitivement retour au monde russe.

J'ai dit plus haut comment Frédéric caractérisait l'hypocrisie cynique de Marie-Thérèse. Mais ce qu'il y a de plus cynique dans les rapports de la maison d'Autriche et de la nation polonaise, c'est l'annexion,

1. *Serbes, Croates et Bulgares* (librairie Maisonneuve), et mon *Histoire d'Autriche*.

en 1846, de la république de Cracovie, dernier débris de l'indépendance d'un grand peuple. Cette annexion inique fut accompagnée des fameux massacres de Galicie, où le gouvernement de Vienne déchaîna contre la noblesse terrienne des paysans fanatisés. C'est à propos de cette jacquerie que Montalembert aurait prononcé le mot célèbre : « Il y a quelqu'un de plus vil que le bourreau, c'est son valet. » Ce mot ne se trouve pas dans le texte officiel des discours prononcés par le célèbre orateur. Mais voici ce qu'on peut y lire :

« Tel est l'empire des crimes politiques qu'un premier attentat à l'existence, aux droits des nations en entraîne nécessairement une foule d'autres et que dans cette voie l'injustice de la veille devient la racine et l'excuse de celle du lendemain. »

Écoutez encore cette prédiction, qui est à la veille de se réaliser :

La monarchie autrichienne est un composé bizarre de vingt nations que la justice aurait pu maintenir et que l'iniquité fera tomber en dissolution.

L'occupation temporaire précédant l'annexion, ce procédé hypocrite a été renouvelé trente-six ans plus tard, à propos des deux provinces serbes de Bosnie et d'Herzégovine. L'Autriche avait un beau rôle à prendre vis-à-vis des chrétiens de la Péninsule balkanique. C'était celui d'une puissance protectrice et amie. A côté d'une fédération loyale des nations, que les circonstances avaient groupées autour de la dynastie, elle pouvait aider au développement d'une fédération balkanique, qui aurait pu être pour elle une amie et une alliée. Mais, depuis Sadowa, l'Autriche s'est mise entièrement aux ordres des ambitions allemandes. Or, que rêve la Prusse? C'est, d'une part, d'assurer à l'Allemagne un débouché direct sur l'Océan par l'occupation de la Belgique, la mainmise sur la Hollande et, d'autre part, une série de débouchés sur la Méditerranée par Trieste et Salonique, en attendant Constantinople. Si les nations balkaniques réalisent leur indépendance, si elles s'assurent de façon définitive la possession de la rive orientale de l'Adriatique, ces beaux rêves s'évanouissent nécessairement.

En 1874, la Bosnie et l'Herzégovine s'étaient soulevées, dans l'espoir d'échapper aux exactions des Turcs et de s'unir à la Serbie et au Monténégro. Ceci ne faisait point l'affaire des Allemands de Vienne, et moins encore des Magyars de Budapest, qui ne vivent que de l'exploitation des Slaves et qui redoutent avant tout l'émancipation de la race Serbe. Sous prétexte de rétablir l'ordre dans les deux provinces révoltées, l'Autriche-Hongrie se fit confier par le congrès de Berlin le mandat de les occuper provisoirement. Comment la France, qui représente le principe des nationalités, si cruellement violé en 1871 par le traité de Francfort, a-t-elle pu apposer sa signature au bas d'une pareille décision? C'est là pour moi un mystère, que je me sens incapable de pénétrer. Après vingt-cinq ans d'une administration persécutrice, l'Autriche, violant le traité de Berlin, comme elle avait violé celui de Vienne en mettant la main sur Cracovie, a décrété l'annexion pure et simple des deux provinces. C'est le dernier scandale de son histoire. On sait comment ce scandale a, par suite de l'attentat de Sarajevo, déchaîné la guerre qui sévit aujourd'hui sur l'Europe, et dans laquelle l'Autriche joue, comme en 1846, le rôle de valet du bourreau.

Il faut que le renouvellement d'une pareille guerre soit impossible, que la paix soit assurée à l'Europe et que l'accès de la Méditerranée soit désormais absolument interdit au monde germanique. L'Autriche, étant devenue l'avant-garde de l'Allemagne, n'a déchaîné la guerre actuelle que pour satisfaire les convoitises prussiennes.

L'Autriche doit donc disparaître. Elle a manqué à sa vocation historique, aux lois de l'honneur et de l'humanité. Sur le fronton du palais impérial de Vienne on lit cet exergue :

Justitia erga omnes nationes est fundamentum Austriæ.

Jamais devise ne fut plus menteuse. Si l'Autriche actuelle vient à disparaître, deux peuples seulement en regretteront l'existence : ceux qui ont vécu de l'exploitation des autres, les Allemands et les Magyars, peut-être aussi un petit groupe de Polonais, qui, en attendant la résurrection de leur patrie, regardaient le régime autrichien comme un tolérable pis-aller. Tous les autres peuples, Slaves, Roumains, Italiens, exulteront.

Quant au mode de procéder à la liquidation, il est des plus simples : il suffit de restituer à chacune des nationalités de l'Empire le sol sur lequel elle vit depuis ses origines et qui a été sans pudeur exploité par des allogènes.

Les territoires de la couronne de Bohême, Bohême Moravie, Silésie, seraient de nouveau érigés en royaume indépendant. Ce royaume s'accroîtrait de deux millions de Slovaques enlevés à la Hongrie, que les Magyars traitent en véritables ilotes et qui sont pour les Tchèques des frères de race et de langue.

La Galicie serait répartie entre l'empire de Russie pour la partie russe (improprement appelée ruthène) de cette province et, pour la partie polonaise, un État polonais à reconstituer sous la garantie des grandes puissances alliées, la France, l'Angleterre, la Russie et l'Italie.

La Transylvanie serait annexée au royaume de Roumanie avec telle partie de la Bukovine à déterminer d'entente avec la Russie.

Les provinces slovènes et croates, y compris, bien entendu, la Dalmatie, et les districts serbes de la Hongrie, seraient adjugés à la Serbie ou au Montenegro pour fonder une vaste confédération iougo-slave sous la tutelle de la Serbie.

Le Trentin italien, Trieste et Pola reviendraient à l'Italie.

Que resterait-il de l'Autriche actuelle? Le Tyrol allemand, Salzbourg, les deux Autriches et la Hongrie purement magyare, soulagée de ses annexes slovaque, serbe, russe et roumaine. Ce qu'il y aura de plus pénible pour ces deux groupes complices, c'est qu'ils seront désormais dans l'impossibilité d'exploiter des ilotes étrangers. Ils en seront réduits à vivre sur leur propre fonds, et j'imagine qu'ils n'en mèneront pas large. Les israélites, qui depuis quarante ans s'étaient fait à l'envi magyariser, reviendront tout naturellement aux nationalités qui les entourent. Ils seront Slovaques, Russes, Serbes, Roumains. Et François-Joseph, s'il vit encore, pourra se flatter d'être réellement devenu le souverain de l'Autriche-Hongrie.

II

LES SLAVES D'AUTRICHE-HONGRIE[1]

Les questions dont je m'occupe depuis exactement cinquante et un ans — cela ne me rajeunit pas — étaient bien peu connues à l'époque où j'ai commencé à les étudier; on ne les soupçonnait même pas. La diplomatie du premier Empire n'en avait pas la moindre notion. M. Thiers n'en savait guère plus. Je me souviens que, lorsque j'ai fait, en 1864, mon premier voyage en Bohême, mes amis me demandaient pourquoi j'allais si loin pour apprendre la langue allemande, et lorsque je leur répondais que je n'y allais pas pour apprendre l'allemand, ils en concluaient que c'était pour apprendre... l'autrichien!

D'ailleurs, ne raillons pas trop. Il n'y a pas bien longtemps, dans une salle qui n'est pas loin d'ici, je faisais, à l'Alliance Française, une conférence sur la Bohême slave et sur les Tchèques. J'ai parlé pendant

1. Conférence faite à la Société de Géographie, le 19 décembre 1914.

une heure et demie en étalant toutes sortes de vues et de photographies. L'auditoire avait paru s'intéresser à ce que je disais. A la sortie, j'entendis une dame intelligente dire à sa voisine : « Si je ne sais pas maintenant ce qu'est la ... *Hongrie*, ce ne sera pas la faute de M. Leger. »

J'espère bien qu'aujourd'hui vous apprendrez quelque chose des Slaves d'Autriche-Hongrie, s'ils ne vous sont pas encore très familiers.

Lorsqu'on veut se documenter sur les statistiques des populations des États de l'Europe, on consulte généralement l'Almanach de Gotha, le bréviaire de tout publiciste et de tout politicien. J'ai eu la curiosité de regarder les éléments qu'il fournit ; ils sont très intéressants. Il nous apprend que d'après le recensement de 1910, l'Autriche compte 12 millions d'Allemands et 10 millions de Hongrois; le reste, ce sont des Slaves qu'il évalue à un peu plus de 23 millions, des Roumains, des Italiens, etc...

Je reprends les deux premiers chiffres. Ils sont faux. L'Autriche n'a pas 12 millions d'Allemands, pour cette raison bien simple que nous ne pouvons considérer comme Allemands d'Autriche que ceux qui forment un groupe compact : les deux Autriches, le Tyrol Salzburg. Mais il y a des Allemands perdus en Bohême, en Hongrie, un peu partout ; ils ne constituent pas une masse compacte, un groupe politique. Ceux qui sont en Hongrie sont obligés de voter à la Diète de Hongrie, s'ils y sont représentés, ce qui, d'ailleurs n'est pas le cas. Il y a donc là un premier mensonge. L'Autriche, comme groupe compact d'Allemands ne comprend guère que 9 millions de sujets.

De même, lorsque l'Almanach de Gotha nous dit que les Hongrois, autrement dit les Magyars, sont 10 millions, je proteste encore. Les Magyars sont très puissants; or, il y a toujours des éléments qui se groupent du côté du plus fort. C'est ainsi qu'en Hongrie les Allemands voyant que les Magyars étaient devenus assez forts, se sont faits Magyars. Les Israélites, qui sont 1.300.000, penchent également du côté du plus fort; aujourd'hui, comme les Magyars sont les plus forts, ils sont Magyars : mais que, demain, on démembre cet Etat, ils deviendront les uns Allemands, les autres Roumains, les autres Slaves. Donc ici encore le chiffre est faussé.

Par conséquent, si nous faisons les deux soustractions que j'indique, nous voyons qu'en somme il y a 8 millions d'Allemands et tout au plus 8 millions de Magyars qui mènent un Etat de 51 millions d'âmes. C'est ce groupe qui nous a déclaré la guerre; ce ne sont pas les Tchèques, ce ne sont pas les Polonais, les Croates, les Slovènes, les Ruthènes, ni les Serbes, ni les Roumains.

Vous voyez donc quelle iniquité représente la forme actuelle de l'Autriche-Hongrie où il suffit de 16 millions d'hommes pour en déclancher 51 millions et pour provoquer une guerre dont les conséquences sont effroyables, mais retomberont très probablement sur ceux qui l'ont déclarée.

Mais si, dans les statistiques officielles, on force toujours les chiffres quand il s'agit des Allemands et des Magyars, on les abaisse toujours, en revanche, quand il s'agit de mes clients, des Slaves.

Je vous présente ici une carte russe ethnographique publiée par mon ami le professeur Florinsky. C'est la plus nette. En voici une autre, due au géographe allemand Kiepert, qui date de cinquante ans. Remarquez l'ensemble des taches des différentes couleurs qui représentent les diverses nationalités. Vous vous rendez compte que les deux cartes pourraient être superposées sauf quelques nuances de détail. Les populations ont augmenté depuis cette époque, mais les proportions sont restées les mêmes. Voici une autre carte, que je dois à l'obligeance d'un Serbe d'Autriche et qui a été publiée à Florence, elle est identique aux deux premières. Nous en tirerons parti tout-à-l'heure. Voici donc une carte éditée à Saint-Pétersbourg, et une autre à Leipzig, une autre à Florence ; elles sont toutes semblables dans leur ensemble, sauf quelques nuances de détail.

Si les chiffres de la population slave sont toujours abaissés, c'est qu'un certain nombre d'entre eux sont au service des représentants d'autres nations.

Ainsi, dans les pays industriels, comme la Bohême, où existent de très grandes fabriques, des patrons congédient leurs ouvriers si, au recensement, ils ne se déclarent pas Allemands. Cela se fait couramment. Le même phénomène se produit en Hongrie. Si un Slave a le malheur d'épouser une Allemande, immédiatement on le classe Allemand. On peut certainement évaluer le déficit qu'éprouve la race slave par suite de ces machinations à environ 10 p. 100. Il est évident que le jour où les Slaves seront complètement et définitivement affranchis — espérons que ce jour approche — ces erreurs et ces différenciations ne se reproduiront plus.

Je suis donc certain de n'exagérer en aucune façon, lorsque je déclare que l'Autriche-Hongrie possède pour le moins 25 millions de sujets slaves dont aucun n'avait envie de nous faire la guerre. Ils la font à leurs corps défendant et ceci explique, en grande partie, pourquoi l'armée autrichienne est une si mauvaise armée. Il y a dans l'armée autrichienne, qui groupe une douzaine de nations différentes, quantité d'hommes qui combattent en vertu de la discipline militaire, mais qui ne cherchent qu'une occasion pour jeter les armes, capituler ou fuir quand ils le peuvent. Cet état d'esprit n'existe certainement pas dans l'armée allemande. Il y a des Allemands du Sud qui ne sont pas très satisfaits de faire campagne avec des Allemands du Nord. Cependant un certain esprit de race les unit et maintient leur ensemble, tandis que cette cohésion manque à l'armée autrichienne, et cela nous explique en partie son infériorité et les désastres récents qu'elle a subis.

S'il en est parmi vous qui désirent, rentrés chez eux,

fixer leurs idées sur cette question, je leur recommande la lecture d'un ouvrage absolument scientifique, du professeur tchèque Niederlé, intitulé *La Race Slave* et publié chez Alcan. Ils pourront là vérifier mes assertions et étudier en détail des points que je ne peux pas traiter aujourd'hui.

Examinons un peu en détail ces différentes populations slaves.

Dans la Saxe royale et dans la Prusse existent des groupes slaves qu'on appelle les Serbes de Lusace; ils n'ont rien de commun, si ce n'est le nom, avec nos excellents amis de Serbie. Ce sont des débris des Slaves de la Baltique qui occupaient autrefois toute la rive droite de l'Elbe. Si les Allemands n'avaient pas dévoré successivement tous ces Slaves, la Prusse n'existerait pas. Car la Prusse s'est fondée uniquement sur les débris de peuples assassinés. Elle continue, d'ailleurs, cette méthode, elle essaie de l'appliquer aujourd'hui en Belgique. Les ancêtres de Prussiens d'aujourd'hui l'ont appliquée, il y a des siècles, aux Slaves de Poméranie. Le nom même de Poméraniens est un mot slave qui signifie : les gens qui demeurent le long de la mer, les maritimes. J'arrive maintenant à l'Autriche proprement dite. Commençons par la Bohême.

Les Tchèques et les Tchéco-slovaques, l'Almanach Gotha les évalue au total à 8.500.000. Je n'hésite pas à dire que ce chiffre doit être porté à 10 millions.

Les Slaves d'Autriche sont très malheureux, ils sont

opprimés; ils ne jouissent pas d'une complète liberté de conscience nationale. Au point de vue économique, ils n'ont pas la même situation que les Allemands et les Magyars, d'où il suit qu'ils émigrent en grande quantité. Il existe de véritables colonies slaves, notamment en Amérique. Mais, que l'équité se rétablisse sur le territoire actuel de l'Autriche, ils reviendront. Par conséquent, nous pouvons faire, dans une certaine mesure, entrer ces populations dans le compte des Tchécoslovaques.

On connaît plus les Tchèques que les Slovaques. Ces derniers n'ont pas eu de chance dans l'histoire. Ils n'ont pas créé un État: ils sont 2 millions, et, comme les Magyars les masquent de toute leur énergie, beaucoup de personnes, même des plus éclairées, ignorent leur existence.

Je ne citerai qu'un fait. J'ai renoncé à collaborer à la *Grande Encyclopédie* lorsqu'elle est arrivée à la lettre P. Aussi les Slovaques n'ont pas d'article. Dans l'*Encyclopèdie Larousse*, ils ont juste dix lignes.

Les Tchèques sont environ 8 millions, dont un assez grand nombre répandus au dehors. C'est ainsi qu'il y en a 300.000 à Vienne, qui ne sont pas indiqués sur cette carte. Cependant, ils contribuent à la vie nationale. Non seulement ils ne sont pas portés sur les listes officielles, mais encore ils ont à soutenir à Vienne des luttes terribles pour obtenir une école. On fait ce que l'on peut pour les germaniser. Vous pouvez être certains qu'ils comptent dans les 12 millions d'Allemands mentionnés à l'Almanach de Gotha.

Les Tchèques ont été tout à fait ignorés, si bien que lorsqu'il y a un demi-siècle je disais qu'ils existaient, on me répondait : « En êtes-vous bien sûr? » Dans le premier volume que j'ai publié en 1866, je n'ai pas osé les nommer; on n'aurait pas su de qui je parlais. C'est pourquoi j'ai dit « les Slaves de Bohême ».

A cette époque, au moment du premier développement de la Prusse, on parlait de l'organisation de l'Autriche. Des hommes comme M. Thiers ne soupçonnaient même pas l'existence des Tchèques; ils ignoraient également celle des Slovènes. Et M. Thiers était furieux qu'un jeune homme comme moi se permît de dire qu'il y avait en Autriche autre chose que des Allemands. Il m'en a beaucoup voulu. Il trouvait que je n'étais qu'un gamin — en cela il avait raison — mais j'avais le malheur d'en savoir plus que lui sur cette question, et il n'aimait pas qu'on se permît de savoir quelque chose de plus que lui.

L'histoire des Tchèques nous intéresse cependant au plus haut degré. Voyons d'abord leur situation.

Ils forment au cœur de la race allemande un promontoire, « un pieu dans la chair allemande », comme disent les Allemands et naturellement les Allemands ne peuvent pas le leur pardonner. Ils ont fait tout ce qu'ils ont pu pour les assimiler. Mais les Tchèques ont la tête très dure. Il y a six siècles qu'ils luttent contre les Allemands. Ils se sont malheureusement laissé entamer. Mais maintenant, non seulement ils ne se laissent plus entamer, mais encore ils se propagent et gagnent du terrain.

Au Moyen Age, leurs souverains ont fait des sottises. Car ils ont eu naguère une dynastie nationale. Cette dynastie était pressée de mettre en valeur les richesses du pays. La Bohême était couverte de forêts; il y avait des mines à exploiter, mais la population n'était pas suffisante. Les souverains ont fait venir des Allemands comme mineurs, comme bûcherons, comme laboureurs. Or, vous le savez, l'Allemand est comme le personnage de La Fontaine :

> Laissez-lui prendre un pied chez vous
> Il en aura bientôt pris quatre.

Une fois installés, ils n'ont plus voulu s'en aller. Non seulement ils n'ont plus voulu s'en aller, mais ils ont dit aux Tchèques :

> La maison est à moi, c'est à vous d'en sortir.

Au XIIIe et au XIVe siècles, nous voyons se produire entre les deux races des luttes acharnées. Ces luttes se livrent non seulement sur le terrain administratif, non seulement sur le terrain littéraire, mais encore sur le terrain religieux.

J'étudie en ce moment, au Collège de France, la vie d'un homme illustre dont on a célébré cette année le cinquième centenaire, Jean Hus. Ouvrez nos anciens répertoires et vous y lirez : « Jean Hus, réformateur allemand ». Or, ce qui caractérise Jean Hus, c'est d'avoir été l'ennemi acharné du germanisme. Il fut un réformateur religieux, mais encore et surtout un réformateur national, un homme qui voulait s'opposer à la mainmise des Allemands sur les États slaves. Il prêchait en langue nationale, en langue tchèque; et il fit exclure les Allemands de l'université de Prague. Mais comme c'était un homme illustre, les Allemands ont fait tout ce qu'ils ont pu pour le rattraper. Si jamais vous allez à Ratisbonne, vous pourrez voir près de la ville un temple consacré aux gloires germaniques; vous y verrez le buste de Jean Hus. Ils l'ont annexé.

S'il y a eu au XIVe siècle en Europe un pays qui fut ami du nôtre, ce fut la Bohême. Ses rois appartenaient à la dynastie de Luxembourg; ils étaient constamment en rapport avec les nôtres; les maîtres de la théologie allaient étudier à Paris; il est tel prédécesseur de Jean Hus qu'on appelle *magister pariensis*. Il y avait des alliances de famille entre les rois de Bohême et les rois de France. Un des exemples les plus remarquables de ces sympathies est la mort du roi Jean de Bohême à Crécy. Vous remarquerez que le seul roi du monde qui soit mort pour la France est un roi de Bohême. Il y a quelques années, nous lui avons fait élever un monument à Crécy. On l'avait un peu oublié; mais il est bon de mettre en lumière tous ces vieux amis de notre pays. Ce monument est dû à la collaboration de la colonie tchèque de France et des Tchèques du royaume et aussi du Grand-Duché de Luxembourg, ce malheureux grand-duché aujourd'hui occupé par les Allemands; il a tenu à montrer combien il aimait la France et lors de l'inauguration du monument il nous a envoyé son ministre, le maire et trois échevins de Luxembourg. Il a été prononcé à ces fêtes des paroles que je n'oserai pas répéter aujourd'hui que cette pauvre ville de Luxembourg est occupée par les Allemands.

Tout le Moyen Age est rempli des témoignages de sympathie de la nation tchèque pour la nation française. Mais arrive la maison d'Autriche; elle trouve le moyen de monter sur le trône de Bohême. A partir de ce moment, les Allemands reprennent le dessus et peu à peu — je n'ai pas le temps de vous raconter cela par le détail — la Bohême est opprimée et on cherche à éliminer l'élément tchèque comme l'élément français en Alsace et en Lorraine.

Enfin une révolte éclate. La Bohême échoue complètement à la célèbre bataille de la Montagne-Blanche, en 1620. A partir de ce moment, il semble que la nation tchèque ait disparu; il en est d'elle, comme il en a été de la nation serbe au lendemain de ses désastres; il semblait qu'elle n'existait pas et vous savez de quelle façon elle nous a attesté sa résurrection. Les Tchèques n'ont pas eu l'occasion de nous montrer leur résurrection d'une façon aussi brillante. Néanmoins, depuis un siècle, leur existence n'a plus été qu'une série de victoires. Leur langue était opprimée, leurs livres livrés aux flammes. Peu à peu ils ont restauré leur langue, ils ont refait leur littérature; ils sont devenus le centre intellectuel du monde slave. Car, ne vous y trompez pas, le cerveau de la race slave, de cette race si grande qui s'étend jusqu'à la Sibérie, il n'est ni à Moscou, ni à Saint-Pétersbourg, ni à Belgrade, ni à Sofia; il est à Prague. C'est de là que sont partis tous les régénérateurs de la race slave. Dans une guerre de tranchées intellectuelles, peut-on dire, avec une ténacité admirable, ils ont remporté triomphe sur triomphe. Ils ont obtenu la reconnaissance de leurs droits, ils ont obtenu une académie, une université, un théâtre national; ils se sont donné une organisation qui leur a permis de se faire connaître à l'étranger.

Le malheur de toutes ces nations, c'est quelles ne sont pas représentées; elles n'ont pas de légation, pas de consulats. Il existe bien un certain nombre de personnages revêtus d'habits diplomatiques qui sont censés les représenter; mais ils ne représentent que les intérêts allemands ou austro-hongrois. Vous savez par quels biais les Slaves de Bohême sont arrivés à se faire reconnaître chez nous; ils ont créé des sociétés de gymnastique, les fameux *sokols*, Il y a trente ans, on ne savait pas en France ce que c'était qu'un Tchèque. Les *sokols* ont été très habiles, ils ont choisi un très joli costume. C'est un moyen d'attirer l'attention, surtout des dames et des demoiselles. Aussi en France, où on ne les connaissait pas, où on n'avait sur eux que des idées assez vagues, lorsqu'on a vu, en 1889, leur beau costume, on a déclaré que c'étaient des Hongrois. Mais les *sokols* ont persisté ; ils sont allés dans nos villes de province, à Nancy, à Reims, à Arras et dans bien d'autres villes et peu à peu ils se sont fait reconnaître.

Nous avons un *sokol* à Paris, il y en a même un à Argenteuil, et je suis membre honoraire des deux sociétés.

Cela à été un moyen très habile de faire constater l'existence des Tchèques. Malheureusement ils n'étaient pas arrivés à se faire reconnaître comme nation officielle. Lorsque la guerre a éclaté, un décret très sage d'expulsion a été rendu contre les sujets allemands et austro-hongrois résidant en France. Les Tchèques immédiatement ont réclamé ; ils ont dit : « Nous sommes bien des sujets austro-hongrois, mais de très mauvais sujets. Nous n'aimons ni les Autrichiens, ni les Hongrois et nous demandons à n'être pas traités comme eux. » En fin de compte, après près d'un siècle de luttes, le ministère de l'Intérieur, c'est-à-dire le gouvernement français a reconnu qu'il y avait lieu de considérer les Tchèques comme appartenant à une nation indépendante et il a été décidé qu'il seraient maintenus en France s'ils en manifestaient le désir. C'est ainsi que quelques-uns sont aujourd'hui dans cette salle, ce qui atteste que la mesure ministérielle a été suivie d'éxécution. D'autres combattent actuellement sous les drapeaux de la France et de la Russie.

C'est là un progrès assez considérable. Cette reconnaissance, purement platonique, de la nationalité tchèque en ce moment, en prépare peut-être une autre pour l'avenir. Je suis de ceux qui croient que des événements actuels résultera, sous une forme à trouver, une résurrection du royaume de Bohême et, dans ce royaume je ne mets pas seulement les Tchèques, mais aussi leur prolongement, les Slovaques.

Aujourd'hui les Slovaques appartiennent à la couronne de Hongrie. Ils parlent presque la même langue que les Tchèques, c'est-à-dire un dialecte du tchèque, comme le wallon de Belgique est un dialecte du français.

Pendant très longtemps ils se sont inspirés de la littérature tchèque ; ils ont publié leurs livres dans cette langue. Depuis quelques années, ils ont cédé à une tendance qui se manifeste chez les petites nations, consistant à user de l'idiome populaire ; ils écrivent dans leur idiome. Je le leur ai dit souvent, je ne crois pas qu'ils aient raison. Ils feraient mieux d'écrire pour le peuple dans la langue slovaque, mais de garder la langue tchèque dans la haute littérature et dans la science, parce que, lorsqu'on n'est que 2 millions d'hommes, on ne peut pas espérer rayonner beaucoup sur l'humanité, tandis que, quand on se rattache à un autre groupe comptant 10 millions d'hommes, on a beaucoup plus de force.

Les Slovaques n'ont pour ainsi dire pas d'histoire. Lorsque les Magyars sont arrivés, ils les ont conquis et ils ont fait tout ce qu'ils ont pu pour les magyariser. Ils ont essayé au XIXe siècle d'avoir des établissements littéraires, des écoles, des musées ; mais, à partir du jour où le dualisme, c'est-à-dire le pacte fatal, a été conclu entre les Allemands et les Magyars, on leur a tout enlevé.

Nous nous sommes attendris sur les misères de beaucoup de nations ; nous n'avons pas pleuré sur les Slovaques, parce que nous ne savions pas qu'ils existaient. Ils sont trop loin de chez nous ; il est très rare qu'ils aient en France un représentant. Depuis bien des années, je m'occupe de la jeunesse slave à Paris ; une seule fois j'ai rencontré à la Sorbonne une étudiante slovaque. Il y avait un Slovaque très distingué attaché à l'observatoire de Meudon. Je crois bien qu'il est maintenant en Amérique. Nous ne connaissons pas ces populations, nous ne les voyons pas ; et cependant elles vivent et elles ont le plus grand désir d'échapper à cette magyarisation qui constitue pour elles un véritable supplice.

Quand on germanise un Slave, on ne lui fait pas plaisir et on lui rend un mauvais service ; mais on ne lui ferme pas l'accès de la civilisation. Quelque peu d'estime que j'ai, surtout en ce moment, pour les Allemands, je dois leur reconnaître, malgré tout, une certaine forme de *kultur*, une littérature ; l'allemand peut ouvrir certains accès à l'intelligence. Tandis que quand vous obligez un homme à apprendre la langue magyare c'est comme si vous le poussiez dans le coin de la salle et si vous l'y muriez; vous lui fermez tout horizon.

Il y a lieu d'espérer qu'à un moment les Slovaques se réuniront, peut-être plus tôt que nous ne le croyons, aux Tchèques. Ils leur ont rendu de grands services; car c'est de chez eux que sont partis la plupart des régénérateurs du mouvement de renaissance tchèque. A ce moment, la langue était commune, elle n'avait pas encore divergé. Il y a eu de grands poètes comme Kollar, de grands savants comme Schafarik, qui étaient des Slovaques entrés au service de la nation tchèque. Aujourd'hui encore, les Slovaques ont des poètes et des savants.

Nous devons suivre ce mouvement avec intérêt, car rien de ce qui peut affaiblir l'Autriche et l'Allemagne ne nous est indifférent. Plus la nation tchèque sera forte, plus elle aura d'énergie pour tenir tête à l'Allemagne.

Peut-être me direz-vous : « Mais quand ce royaume de Bohême sera reconstitué, que deviendront les Allemands qui sont sur ce territoire? »

Les Allemands ne m'intéressent pas autrement. S'ils veulent s'en aller, il s'en iront. Mais il est certain qu'ils se slaviseront beaucoup plus facilement qu'on ne l'imagine. Car au fond, l'Allemand a, avant tout, le désir de vivre et, pourvu qu'il vive, il apprend tout ce que l'on veut.

On raconte que lorsque Pierre le Grand voulut créer le théâtre en Russie, il manquait d'acteurs. On lui conseilla de s'adresser aux Tchèques, qui étaient des Slaves et qui apprendraient plus facilement la langue russe. Il s'adressa à Prague. Mais entre temps arrivèrent des Allemands, qui mouraient de faim, et qui déclarèrent : « Nous sommes tout prêts à apprendre le tchèque pour apprendre le russe par-dessus le marché. »

Lorsque la nation tchèque aura pris possession de sa nationalité, peu à peu — ce sera encore là une guerre de tranchées intellectuelles — elle regagnera son territoire. Quand les Allemands seront réduits à l'état d'extrême minorité et ne constitueront que 10 ou 15 p. 100 de la population, ils ne seront plus à craindre; ils le seront d'autant moins qu'à ce moment la grande Allemagne sera assez abattue pour ne pas pouvoir s'occuper d'eux.

La grande misère de l'État autrichien, c'est l'intervention perpétuelle de l'Allemagne dans ses affaires. Si l'Autriche n'était pas voisine de Berlin, l'empereur actuel ne serait peut-être pas un souverain plus mauvais qu'un autre. Seulement, c'est un jouet aux mains de son voisin.

Nous avons donc lieu de croire que la rénovation intellectuelle et morale de la nation tchèque sera un véritable triomphe pour nous et qu'elle sera pour nous une amie passionnée. On sait les relations intimes qui se sont établies depuis quinze ans entre la ville de Paris et la ville de Prâgue. A tout moment on échange des visites, des cadeaux. Nos conseillers municipaux vont à Prague; ils se dépouillent de leurs médailles pour les donner aux conseillers municipaux de la ville amie; en échange, ces derniers leur donnent les leurs. Il est même très douloureux de penser qu'en ce moment nos soldats sont exposés à tuer de braves Tchèques qui ne nous ont rien fait et qui, certainement, eux, ne voudraient pas nous tuer non plus.

Je passe aux Slaves méridionaux. Je vous ai montré le pieu dans la chair allemande. Les Allemands auront beau faire, ils ne l'arracheront pas. Ce qu'il y a d'ennuyeux pour les Tchèques, c'est que, suivant une expression militaire, ils sont en l'air. Par un côté, ils rejoignent la Pologne et la Russie, mais ils sont séparés des Slaves méridionaux par des centaines de kilomètres occupés par des Allemands.

Le premier groupe sud-slave est celui des Slovènes, un de ceux que l'on connaît le moins en France. La *Grande Encyclopédie* ne leur consacre même pas un article. C'est un tort. Ils sont environ 1.300.000, et cela nous intéresse plus que vous ne le croyez. Ils occupent des provinces dont nous avons appris les noms quand nous étions au collège : la Carinthie, la Styrie, la Carniole, l'Istrie, et ils s'étendent presque jusqu'à Trieste. Malheureusement ils n'ont pas d'histoire commune. Ils ont vécu comme les éléments ethnographiques soumis à des comtes et à des ducs. Ils ont une histoire régionale mais pas d'histoire générale. On a bien essayé d'en faire une. Il n'est guère qu'un souvenir qu'ils puissent revendiquer, et celui-là nous intéresse, comme il intéresse mon excellent ami, que je regrette de ne pas voir ce soir ici, le prince Roland Bonaparte; c'est le souvenir de Napoléon. Ils ont fait partie du royaume d'Illyrie, inventé par Napoléon lorsqu'il eut conquis une partie de leur pays sur l'Autriche. Ce royaume avait pour capitale la ville de Laybach; il comprenait les pays slovènes, des pays croates et aussi la Dalmatie. On devine quels souvenirs la domination napoléonienne a laissés dans ces régions. D'abord, elle a laissé le nom d'Illyrie. C'est Napoléon qui a inventé ce nom. Le protocole autrichien l'a gardé; il a figuré et il figure encore à l'Almanach de Gotha. L'empereur d'Autriche y porte le titre de roi de Bohême et aussi de roi d'Illyrie; il est vrai qu'il a encore le titre de roi de Jérusalem. Quoi qu'il en soit, le nom de Napoléon est resté très cher aux habitants de ce pays qui rappellent encore avec orgueil la période de la domination napoléonienne. A un moment ils ont eu pour gouverneur Marmont, duc de Raguse.

Les Autrichiens avaient très mal administré toutes ces régions. Quand les Français sont venus, ils y ont apporté leurs qualités, leurs méthodes d'ordre et d'administration; ils ont jeté des ponts, fait des routes. Lorsqu'ils ont été repartis, l'empereur François est venu visiter ces pays reconquis. Il interrogeait les habitants. Il demandait : « Qui a fait ce pont? » Et on lui répondait : « Ce sont les Français ». — « Qui a fait cette belle route, interrogeait-il encore? » Et on lui répondait : « Ce sont les Français ». — Qui a bâti cet hôtel de ville? » — « Ce sont les Français ». Et François dit alors : « Il est bien dommage qu'ils ne soient pas restés plus longtemps ».

L'Autriche a fait de son mieux pour germaniser les Slovènes. Mais le XIXe siècle a été la période d'affranchissement définitif des langues. Eux aussi se sont fait une littérature. Un de leurs poètes, Vodnik, a consacré une ode à la louange de Napoléon, fondateur de l'Illyrie. L'Illyrie a donné son nom à un mouvement intellectuel des peuples sud-slaves qui a eu de graves conséquences politiques.

Les Slovènes ont une langue à eux. Je ne l'ai jamais enseignée au Collège de France, parce que l'enseignement d'une langue parlée par 1.300.000 hommes n'attirerait pas beaucoup de monde. On préfère apprendre le russe, le polonais ou même le serbe. Cependant la langue slovène est intéressante et possède de belles œuvres.

La plupart des intellectuels de ce pays ont écrit dans la langue de leurs voisins, les Croates, c'est-à-dire les Serbes.

Ainsi s'est créé un mouvement de solidarité dans les pays qui s'étendent jusqu'à la frontière de l'Albanie. Si un jour les Slovènes sont appelés à une vie indépendante, ils ne peuvent pas y être appelés tout seuls, car ils sont trop faibles; mais ils se grouperont avec les Serbo-Croates. Tout récemment, il y a quinze jours, — c'est un fait qui se produit pour la première fois depuis que je suis avec grand soin les faits et gestes de la Serbie — le roi de Serbie, dans un manifeste où il affirmait qu'il rompait avec la tutelle autrichienne, s'est déclaré le protecteur des Croates et des Slovènes. C'est là de sa part un acte très politique.

L'idéal des Slovènes, s'ils veulent arriver à quelque chose, est de se rapprocher de leurs congénères, les Serbo-Croates. J'ai indiqué tout-à-l'heure que la population totale serbo-croate dans l'empire autrichien, en comprenant la Bosnie et l'Herzégovine, est d'environ 5.500.000 âmes.

Vous me demanderez pourquoi les uns s'appellent Serbes et les autres Croates. Pour répondre à cette question, il faudrait remonter à l'origine de l'histoire de ces peuples et ce serait un peu long. La grande différence que je vois entre les deux peuples est que de bonne heure les Croates se sont rattachés à la religion romaine; ils sont catholiques comme nous. Les Serbes, après des fluctuations, se sont rattachés à la religion orthodoxe; ils ont donc la même religion que les Russes. Et ceci crée une différence assez considérable : ils ne font pas le signe de la croix de la même façon. Quand par hasard, je rencontre quelqu'un qui me semble originaire de ces pays, comme il est très difficile de voir aux yeux et au nez des gens si le personnage est serbe ou croate, je lui demande de me montrer comment il fait le signe de la croix. Cela ne me trompe pas.

Un jour, il y a de cela assez longtemps, me trouvant à Dieppe, je vois arriver un ours, enchaîné, bien entendu, conduit par un grand diable qui portait un fez rouge sur sa tête. Je me dis : « Voilà un Bosniaque. » Je m'approche de lui et l'interpelle en serbe. Cela ne l'a pas étonné et il m'a répondu : « Je suis Bosniaque. Je promène mon ours en Europe. » Je lui fit faire alors le signe de la croix et je vis que c'était un orthodoxe, c'est-à-dire un Serbe.

Une autre différence, résultant aussi de la différence de religion, est la suivante : les Croates écrivent en alphabet latin comme nous; les Serbes écrivent en alphabet cyrillique, qui est à peu près le même que celui employé par les Russes. Cette différence d'alphabet constitue une gêne. Je connais des Serbes qui sont très embarrassés pour lire une lettre écrite en caractères latins et réciproquement les Croates sont gênés pour lire les caractères russes. Il serait à désirer que l'on arrivât à l'unité d'alphabet; mais ce résultat ne sera pas très facile à obtenir.

Un point délicat c'est la dénomination de la langue commune aux Serbes-Croates. Supposons que nous arrivions à constituer l'unité de ces trois peuples : slovène, croate et serbe. Supposons que, suivant le vœu exprimé récemment par le roi de Serbie, se forme un état groupé autour de la Serbie; comment s'appellera la langue officielle? Certainement il y a moins de différence entre un Slovène et un Serbe du Monténégro qu'entre un Piémontais et un Napolitain, ce qui prouverait que l'unité de l'Italie a été commandée par l'unité géographique du pays. Pour les pays dont nous parlons, l'unité géographique existe moins.

La Bosnie et l'Herzégovine, c'est le dernier vol de l'Autriche, une des grandes abominations de l'histoire. Les Herzégoviniens et les Bosniaques se sont, il y a une quarantaine d'années, révoltés contre les Turcs qui les persécutaient et les accablaient de mauvais traitements. Ils se sont révoltés, parce qu'ils désiraient d'abord échapper aux Turcs et en second lieu se rattacher à leurs voisins, leurs frères de Serbie; de même que lorsque les Italiens se sont révoltés contre l'Autriche, ils ne désiraient pas être rattachés à la Bavière, mais au Piémont et, par suite, à l'Italie. Avec la complicité de l'Europe, on a fait cadeau de ces provinces à l'Autriche. J'ai estimé que la diplomatie avait commis alors une très grosse faute; mais on ne me consulte pas et peut-être a-t-on raison parce qu'on me trouverait trop révolutionnaire.

La Bosnie-Herzégovine comprend, d'après les statistiques officielles, 1.600.000 à 1.700.000 habitants, sur lesquels il y a 600.000 catholiques, 600.000 orthodoxes et 500.000 musulmans qui sont, malgré tout, des Serbes et de très bons Serbes, tout musulmans qu'ils sont.

Ce sont les descendants des nobles. Aujourd'hui la Serbie est un pays absolument démocratique. Si jamais un monsieur se présente à vous en vous disant qu'il est un baron serbe — s'il était d'un pays autrichien, il pourrait être baron — dites-vous que c'est un escroc. Les barons serbes, cela n'existe pas. Il n'y a pas de noblesse en Serbie.

Mais il y en a eu autrefois et elle était nombreuse. Quand les Turcs sont arrivés, ces aristocrates n'ont pas eu une attitude héroïque. Pour conserver leur noblesse, ils se sont faits Turcs et ils ont constitué une classe privilégiée. Aujourd'hui, il en est qui regrettent ce que leurs pères ont fait. Mais vous savez que le musulman est très fanatique et très attaché à sa religion. Il n'y en a guère qui soit retournés à l'orthodoxie ou au catholicisme, de même qu'il est très rare qu'un catholique se fasse orthodoxe ou réciproquement.

Lorsque l'Autriche eut à assimiler ces populations, elle se trouva dans un très grand embarras. Comment allait-elle les appeler? Elle se dit : « Si nous les appelons Croates, les Croates vont les réclamer pour eux; si nous les appelons Serbes, les Serbes les réclameront. » Et alors on inventa, pour désigner leur langue, un mot allemand : *die Landsprache* qui signifie « la langue du pays ». Je crois, d'ailleurs, que ce mot est encore en usage aujourd'hui. Les habitants de ce pays eux-mêmes sont très embarrassés pour caractériser leur langue. Si vous interrogez un paysan dalmate en lui demandant :

« Quelle langue parles-tu? » il vous répondra : « Je parle *notre* langue ». Mais il ne sait pas comment elle s'appelle et si on essaie d'établir une distinction dans son esprit entre le Serbe et le Croate, il n'y comprend pas grand'chose.

Donc, l'unité de ce peuple, tout en étant une unité morale, n'est pas encore complètement faite. Il existe différents centres, dont chacun exerce une attraction sur un certain nombre de sujets. Au nord, c'est Agram, la capitale de la Croatie, ville très lettrée, qui a une académie, une université et qui rêve d'exercer un jour la primauté sur tout le monde sud-slave. Plus au sud, c'est Belgrade qui, sans conteste, exerce la primauté sur le royaume de Serbie, qui a une université, une académie, qui avait des musées — hélas! que sont-ils devenus! La *kultur* allemande aura fait à Belgrade ce qu'elle a fait à Louvain.

Il y a encore conflit de religions. Il s'agit d'harmoniser tout cela. Le gouvernement serbe a été très habile. Il y a déjà quelque temps — c'était avant les événements — il a, par l'intermédiaire de mon excellent ami, M. Vesnitch ministre de Serbie à Paris, conclu un concordat avec la cour de Rome; il a compris que si jamais son empire devait s'augmenter de populations catholiques, il était nécessaire qu'elles fussent assurées d'avoir la pleine liberté de conscience. Le gouvernement autrichien s'est démené comme un beau diable — passez-moi l'expression alors qu'il s'agit de choses religieuses — pour empêcher la conclusion de ce concordat. Mais le gouvernement serbe a tout de même réussi et il a eu tout à fait raison. Si, à un moment donné, les Serbes catholiques, autrement dit les Croates, doivent être réunis au royaume, cet acte du gouvernement de Serbie facilitera singulièrement les transactions.

Pour le moment, l'Autriche a inscrit la liberté de conscience dans sa constitution. Mais une foule de clauses de cette constitution n'ont jamais été respectées. La Bohême, en général, est catholique, tandis que l'Allemagne, surtout la Prusse, est luthérienne. Quand un Tchèque veut se faire luthérien, personne ne l'inquiète, pleine liberté de conscience. C'est qu'en se faisant luthérien, il a quelque chance de devenir allemand. Mais supposez, au contraire, qu'un Croate catholique ait l'idée, en vertu de cette liberté de conscience, de se faire orthodoxe. Alors, il devient Serbe; il s'expose à toutes sortes de persécutions; c'est un crime d'état, une haute trahison.

Nous avons vu à ce sujet des procès scandaleux ; l'un d'eux, jugé à Agram, et qui a fait quelque tapage, reposait sur des griefs de ce genre. Rien n'est dangereux pour les Croates, comme le voisinage de la Serbie. Un Parisien va à Bruxelles — je parle du temps où Bruxelles était libre — il en rapporte la photographie de l'excellent roi de Belgique et de son aimable reine; il la met sur sa cheminée. Personne ne songera à lui en faire grief. On ne l'accusera pas de vouloir trahir la France et annexer la France à la Belgique. Il n'en est pas de même à Agram. Un malheureux a acheté une photographie du roi Pierre de Serbie, et, en outre, il a l'idée, voulant épouser une Serbe, de se convertir à la religion orthodoxe : crime de haute trahison! Voilà comment la liberté de conscience est pratiquée en Autriche!

Autre exemple : un Croate catholique ou orthodoxe ou un Serbe d'Autriche va en Russie; il en rapporte un livre de messe, une liturgie. Vous savez que dans tous les pays du monde, quelle que soit leur religion, la liturgie contient une prière pour le souverain. — Chez nous, on prie pour la République; ailleurs pour tel ou tel roi. — Une perquisition est faite chez le malheureux : on trouve ce livre de messe russe contenant des prières pour le tsar Nicolas : haute trahison!

Lorsque, dans ma jeunesse, je voyageais en Allemagne, j'avais la manie de collectionner les livres de prières. Je recommande aux jeunes gens qui veulent apprendre les langues, la lecture des livres de prières, des évangiles; il y a là des idées simples et très connues, qui permettent de s'assimiler le vocabulaire. Eh bien! personne n'a eu l'idée, pour avoir trouvé ces livres en ma possession, de m'accuser de haute trahison, de vouloir annexer une province de France à l'Allemagne.

Il fut un temps où un de nos amis, dont nous gardons le meilleur souvenir, ce brave Eugène Pelletan, demandait, sous Napoléon III, la liberté comme en Autriche. Il ne la demanderait plus aujourd'hui. L'Autriche, en effet, est le pays de l'impossible et de l'absurde. A tout moment on s'y heurte à des monstruosités.

La grande difficulté pour réunir ces peuples de race serbo-croate est donc de leur trouver un nom. Serbo-Croates, Croato-Serbes, c'est un peu long. Iougo-Slaves ou Slaves du midi ne serait pas exact, car les Bulgares sont aussi des Slaves du midi. Je regrette pour moi que l'on ait abandonné le nom d'Illyrie. Cela n'eût fait de mal à personne et c'eût été un nom très compréhensible. Peut-être me donnera-t-on bientôt cette satisfaction; mais ceci est affaire des congrès et des diplomates et quand les diplomates se réunissent autour d'un tapis vert, ils ne font pas ce que font les juges d'un tribunal. Quand des juges d'un tribunal, soit au civil, soit au criminel, ont à juger une affaire dont ils ne connaissent pas bien tous les éléments, par exemple lorsqu'il s'agit de fraudes de denrées, ils appellent des experts. Les experts font un rapport et on juge d'après ce rapport. Mais les diplomates n'appellent jamais d'experts; ils se débrouillent comme ils peuvent.

J'en demande pardon aux diplomates qui se trouvent ici.

Aussi, suivez bien l'histoire des grands traités qui ont été conclus en Europe depuis le traité de Zurich. Chacun d'eux a jeté les semences d'une guerre future.

J'ai connu un chirurgien célèbre qui, ayant eu à opérer un petit abcès, l'avait guéri. Mais quelques années après, l'abcès était revenu. Le client n'était pas content naturellement. Alors le chirurgien lui dit : « J'en avais laissé un peu pour pouvoir faire une nouvelle opération. » C'est ainsi qu'opèrent les diplomates. Tous les traités qu'ils ont conclus ont préparé une guerre nouvelle. Le traité de Berlin, qui n'a rien résolu des questions balkaniques, a préparé la guerre serbo-bulgaro-turque de l'autre année.

Si nous examinons l'histoire de l'Autriche, ou plutôt de la dynastie autrichienne — car il n'y a pas d'Autriche — si nous examinons l'histoire de l'Autriche, de la Hongrie et des pays annexés, nous voyons qu'elle repose sur une série de rapts. Il ne s'agit pas d'un état vivant par lui-même comme la France. Il s'agit d'un état qui d'abord a ravi un morceau de la Pologne, puis une partie de l'Italie, ensuite un morceau du monde serbe, la Bosnie et l'Herzégovine. Et si on le laisse vivre, il continuera. Car, en somme, d'où vient la guerre actuelle? Elle vient du dépit profond qu'éprouve l'Autriche, c'est-à-dire l'Allemagne qui tire les ficelles, de ne pas être arrivée à Salonique et par là à la Méditerranée. N'ayant pas pu arriver à Salonique, la coalition essaie d'arriver à Anvers qui est un autre débouché.

On a beaucoup parlé d'un autre rapt, celui de la Pologne qui a semblé le plus scandaleux à l'Europe. C'est qu'il s'agissait d'un peuple un peu plus connu que toutes ces pauvres petites nations dont l'existence ne s'est révélée à nous que depuis quelques années. D'ailleurs, on supposait toujours que derrière ces peuples se cachaient des influences étrangères. Quand la Bohême, quand les Slaves du sud s'agitaient, nos hommes d'état disaient : « C'est la Russie qui souffle ce mouvement; c'est le panslavisme. » Le panslavisme! monstre effroyable! Nous en avons un terrible besoin aujourd'hui, du panslavisme! Lui seul peut nous sauver du pangermanisme. On ne s'en doutait guère autrefois; vers la fin du règne de Napoléon III, il n'y avait qu'un ennemi, le panslavisme. J'avais vingt-trois ans à cette époque. Je savais le polonais et j'avais appris le russe. Cela semblait étrange à cette époque. On a crié immédiatement que je devais être un agent du panslavisme. Et lorsqu'il y a quarante ans j'ai ouvert mon cours à l'École des langues orientales, l'administrateur de cette école m'a fait appeler et m'a dit d'aller voir le ministre. « Pourquoi faire? lui ai-je dit. » — « Il vous a nommé, me fut-il répondu, il faut le remercier. » Quel était ce ministre? J'ai un peu oublié son nom, il y a eu tant de ministres depuis! J'allai donc voir le ministre qui me dit : « Je suis très content de vous avoir nommé. Faites bien votre cours, mais surtout n'enseignez pas le panslavisme. »

Je me suis retenu de lui faire une réponse impertinente. Vraiment, ceux qui enseignent l'alphabet d'une langue ont autre chose à faire que de traiter les questions politiques.

Cependant, celui qui aurait enseigné le panslavisme nous aurait peut-être épargné bien des malheurs. Si nous avions eu les Slaves avec nous au moment de la guerre de 1870, nous n'en serions pas où nous en sommes.

Aujourd'hui, nous avons avec nous les Russes, les Serbes, les Polonais, qui attendent avec impatience l'exécution des promesses de la Russie. Quant aux Tchèques, je peux bien dire que nous les avons aussi moralement. Évidemment, ils ne peuvent pas faire ce qu'ils veulent. Mais nous avons en France une légion de Tchèques; il y en a d'autres au service de la Russie. Et vous avez pu voir dans les journaux que de temps en temps un pauvre régiment tchèque au service de l'Autriche se fait décimer parce qu'il ne veut pas se battre contre les Russes, contre les Serbes ou contre nous.

Nous avons donc presque tous les pays slaves avec nous. Un seul jusqu'ici a gardé la neutralité.

J'arrive pour terminer aux Slaves de l'Est, c'est-à-dire aux Polonais répartis dans les trois états qui se sont partagé la Pologne et aux Russes improprement appelés Ruthènes.

D'après les dernières statistiques, le nombre des Polonais est estimé à 5 millions dans la Galicie et dans une petite partie de la Silésie dont il ne reste qu'un très petit morceau à l'Autriche, puisqu'il y a déjà longtemps Frédéric le Grand a subtilisé le morceau principal.

Les Polonais sont, de tous les peuples slaves, celui qui nous a le plus intéressés à cause de son histoire, de ses malheurs et aussi à cause des hommes remarquables qu'il a envoyés chez nous. L'intérêt que nous lui avons porté nous a même coûté très cher; car au fond c'est cela qui nous a valu l'indifférence de la Russie en 1870. Nous n'avons pas réussi à les affranchir comme nous le souhaitions; mais en revanche nous avons compromis nos intérêts et les leurs. A dater du jour où les intérêts polonais pourront redevenir identiques à ceux des Russes, nous aurons remporté une grande victoire.

Les Polonais de Galicie ont pour ville principale Cracovie, un des derniers vols de l'Autriche. En effet, Cracovie avait été érigée en république indépendante par le traité de Vienne. En 1846 l'Autriche s'en est emparée sans aucune raison, sinon que c'était son bon plaisir. Depuis, l'Autriche s'est appliquée à jouer un jeu assez habile vis-à-vis de la Russie et de l'Allemagne. Pendant longtemps, elle a essayé de germaniser la Pologne. Puis se sont produits les désastres qu'elle a subis, la guerre d'Italie, Sadowa. Alors le gouvernement autrichien a pensé qu'il devait s'appuyer sur d'autres éléments que les Magyars et les Allemands et il a entrepris de se concilier les Polonais. Il a fait largement les choses, à tel point que la Pologne autrichienne est devenue, en quelque sorte, le paradis des Polonais. C'est le pays où les Polonais sont les plus heureux. En Prusse, ils sont traités de la façon la plus abominable. La Prusse n'a pas de Sibérie; elle n'a pas la torture dans ses lois; mais les Polonais y sont soumis à une torture morale constante dont nous pouvons, du reste, nous rendre compte par le traitement que subissent nos Alsaciens-Lorrains.

En Autriche, au contraire, les Polonais ont été aussi favorisés que possible. On leur a donné des établissements de haut enseignement; ils ont le libre usage de leur langue; ils ont deux universités, l'une à Cracovie, l'autre dans une ville qui est la plus baptisée de l'Europe, puisqu'elle ne porte pas moins de cinq noms : Lemberg, qui est son nom allemand, Lwow du nom d'un prince russe, Lev, Léon, Lviv en petit russe, Leopol en latin. Les Russes l'appelleront probablement Lvov.

Les Polonais ont donc en Autriche une vie très douce; ils ont refusé de se joindre aux protestations des autres Slaves qui demandaient un régime fédératif. En effet, l'idéal d'un pays comme l'Autriche devait être d'être une Suisse royaliste. L'Autriche eût été une Suisse monarchique si les princes régnants avaient été très intelligents et si tout le monde avait su y mettre du sien. Au contraire, dans un pays de 51 millions d'habitants on a fait la part du lion à 16 millions d'Allemands et de Magyars, auxquels on peut peut-être ajouter les Polonais les plus heureux, ce qui ferait 21 millions de favorisés; ce n'est pas encore la majorité.

Il semblait donc que s'il y avait un peuple dont la destinée fût enviable, c'était les Polonais de Galicie. Je dois même dire — je parle avec une entière franchise — que les Polonais de Russie envient avec juste raison la destinée de leurs frères en Galicie; *a fortiori* les Polonais d'Allemagne partagent le même sentiment. Si on avait pu consulter les Polonais au suffrage universel, il est certain qu'ils auraient demandé à être rattachés à l'Autriche, et, si, lors de la dernière insurrection, qui date de plus d'un demi-siècle, l'Autriche avait été habile, elle aurait pu attirer à elle la plus grande partie des Polonais, d'autant plus que ce sont des catholiques fervents et que la dynastie autrichienne actuelle est catholique. Mais l'Autriche a été fort maladroite.

Lorsque la guerre actuelle a éclaté, les Polonais d'Autriche ont hésité à se joindre au mouvement de leurs autres compatriotes. Puis est venue la proclamation si libérale et si généreuse de l'Empereur de Russie dont il faut, d'ailleurs, attendre les effets. Les Polonais d'Autriche ne savaient pas s'ils avaient intérêt à changer de régime; ils ne le savent pas encore bien; il faudra voir les événements.

A l'heure actuelle, Lemberg et la partie orientale de la Galicie, sont occupées par les Russes qui arrivent devant Cracovie. Je souhaite, quant à moi, qu'ils prennent cette ville et j'espère qu'il ne sera pas commis sur les monuments les actes d'immonde vandalisme que nous avons à reprocher aux Allemands. Cracovie est le Nuremberg de la Pologne; c'est une ville qui renferme de grands trésors artistiques; il y a une place qui vaut presque la grande place de Bruxelles ou la grande place d'Ypres; il serait navrant de la voir dévaster.

Mais ce naïf Empereur d'Autriche — je tiens à être respectueux pour un vieillard — a confié le commandement de Cracovie aux Allemands. Lorsque les Russes feront l'assaut de Cracovie, les Allemands placeront des mitrailleuses et des canons sur tous les monuments qui contiennent des souvenirs de tous les rois de Pologne, afin d'obliger les Russes à les démolir. Puis ils diront : « Ce n'est pas nous, ce sont les Russes. » Ou si, par hasard, les Russes ne peuvent réussir à prendre Cracovie, les Allemands la garderont pour eux, tout simplement, et le bon Empereur d'Autriche en sera pour sa courte honte. Mais il en a tant essuyé dans sa vie qu'une de plus, une de moins...!

Frédéric le Grand, en parlant de Marie-Thérèse, lors du premier partage de la Pologne qu'elle trouvait si injuste et si inégal, disait : « Elle pleurait toujours et elle prenait toujours. » Son petit-fils a pu s'appliquer à lui-même ces paroles. Mais, lui, il ne pleure pas.

Je souhaite que la Russie fasse à toute la Pologne, ou plutôt à la masse du peuple polonais une situation aussi heureuse que celle qu'a eue Cracovie entre les mains des Autrichiens. Si les 22 millions d'hommes qui constituent la masse du peuple polonais jouissaient de la condition de la Galicie polonaise actuelle, leur sort serait enviable.

Mais à côté de ces masses, la Pologne a émietté des

colonies très lointaines dans des provinces qui ont autrefois fait partie de son Empire, mais où les Polonais ne constituent plus que 3, 4, 6 ou 8 p. 100 de la population. Je ne suis pas de ceux qui pensent que ceux-là doivent partager les conditions de la masse.

Je lisais dernièrement dans le *Journal des Débats* une lettre qui parlait de la reconstitution du royaume de Pologne et qui déclarait que la Pologne future comprendrait 50 millions d'habitants, sur lesquels 20 ou 22 millions seraient Polonais. J'estime très dangereuse la situation d'un état dans lequel la population dominante n'est pas la majorité. Je n'espère donc pas cela pour la Pologne et je ne le désire pas.

La partie orientale de la Galicie est occupée par un peuple que les Polonais aiment à appeler les Ruthènes. Je n'accepte pas ce terme qui est anti-scientifique et qui ne veut rien dire.

Les Ruthènes sont des Russes englobés dans l'état autrichien, de même que nos chers amis et compatriotes les Alsaciens sont un peuple français englobé dans l'Allemagne. Il en est de même pour ces populations qui font partie de la grande famille russe, qui faisaient même partie de la Russie essentiellement primitive, mais qui, par suite de circonstances, s'en sont trouvées détachées. Peu à peu ces pays russes de l'ouest ont été envahis par les Polonais. Ils ont été conquis, mais pas assimilés ; les seigneurs ont occupé de grands biens et peuplé certaines villes. Encore, si vous allez dans une ville de ces régions, ce que vous y verrez, ce ne sont pas des Russes, ce ne sont pas des Polonais, ce sont des Israélites. On ne peut s'y tromper, car les Israélites ont un tout autre type physique et moral que les Polonais et les Russes.

Ces Russes ont été appelés *Rutheni* par les Latins. qui les confondaient avec les Moscovites ; dans les documents romains, on voit, en effet, la Russie appelée *Ruthenia*. Mais les Polonais tiennent essentiellement à ce qu'on ne les appelle pas des Russes ; ils craignent qu'il n'y ait une attraction trop forte vers la grande Russie. Ils ont essayé de les assimiler. La grande différence entre les Russes et les Polonais, différence fondamentale, irréductible, est la même que celle qui existe entre les Croates et les Serbes : les Russes sont des orthodoxes, les Polonais des catholiques. Lorsque au Moyen Age les Polonais ont conquis, envahi et débordé ces pays orthodoxes, ils se sont trouvés très embarrassés ils les sentaient inassimilables. C'est alors qu'ils ont eu recours à un artifice ; ils ont obtenu l'union avec l'église romaine — nous avons une église uniate non loin d'ici, à Saint-Julien-le-Pauvre — les uniates ont gardé le mariage des prêtres et les rites extérieurs, mais ils reconnaissent en principe la suprématie romaine. Cela a suffi pour que les Polonais considèrent ces populations comme suffisamment assimilées. Je crois que c'était une erreur. Ces questions religieuses ont joué dans ces dernières années un rôle considérable.

Le gouvernement autrichien, qui songe toujours à pratiquer la maxime *Divide ut imperes*, s'efforçait d'exciter les Polonais contre les Ruthènes et les Ruthènes contre les Polonais. Je vous ai parlé, il y a un instant, du scandaleux procès d'Agram. Il y a eu récemment un procès non moins scandaleux à Lemberg, procès de haute trahison exactement pour les mêmes raisons que j'ai exposées tout à l'heure, contre les Ruthènes chez qui on avait trouvé le portrait de l'Empereur de Russie et des livres de messe imprimés en Russie, à Moscou ou à Pétersbourg. On a dit : « Tu pries pour lui, donc tu es pour lui. » Le procureur avait demandé les peines les plus graves contre ces malheureux. Je dois dire à la décharge des jurés polonais qu'ils ont eu la sagesse d'acquitter et cette fois encore l'Autriche en est restée pour sa courte honte.

Ne pouvant pas poloniser ces Ruthènes dont la situation est inférieure, en Galicie, à celle des Polonais, l'Autriche a essayé de les terroriser, parce qu'elle craignait que leur parenté avec la Russie ne lui jouât de mauvais tours. Mais la guerre a éclaté et voici alors ce qu'elle a inventé. Je vous ai apporté un document bien curieux, écrit en petit-russe et imprimé à Vienne. On a eu bien soin de me l'envoyer, malgré les difficultés des communications ; il m'est arrivé par la voie de la Suisse. Ce journal, imprimé à Vienne, est intitulé : *Journal de l'Union pour l'affranchissement de l'Ukraine*. Ces mêmes Autrichiens qui, il y a quelque soixante ans, persécutaient ces pauvres Ruthènes sous prétexte qu'ils voulaient s'affranchir de l'Empire, font publier un journal où on déclare que la partie russe du peuple galicien, c'est le *Piémont* de l'Ukraine ! Le mot y est. De la part de l'Autriche, Piémont est assez joli. La censure n'a probablement pas fait attention. On invite ces pauvres Petits-Russes ou Ruthènes à s'entendre avec les autres Petits-Russes pour créer un état indépendant ou plutôt vassal de l'Autriche.

Au point de vue linguistique, l'Ukraine représente toute la population de la Russie qui parle le dialecte petit-russe. Entre ce dialecte et celui de Moscou, il y a la même différence qu'entre le provençal de Mistral ou languedocien des félibres et le français, ce qui ne veut pas dire que les félibres aient envie de démembrer la France. Le provençal est parlé sous des formes diverses par 8 millions d'hommes ; des personnes très cultivées se plaisent à conserver ce dialecte et nous avons des poésies délicieuses comme Mireille. Nous n'avons jamais pensé à considérer ces Français comme des traîtres qui auraient l'intention de s'unir aux Catalans ou aux Espagnols. L'Autriche aux abois invite ses Ruthènes à s'entendre avec leurs frères cosaques de l'Ukraine et elle leur promet qu'ils formeront un grand état de 30 millions d'âmes qui, naturellement, démembrera la Russie et qui sera sous la tutelle de l'empereur François-Joseph. C'est la dernière — je me retiens, mais je ne trouve pas d'autre mot — la dernière canaillerie autrichienne. Elle date de quinze jours et je conserve avec soin ce document précieux.

Comme vous le voyez, cette pauvre Autriche est bien malade, ou plutôt on peut dire d'elle qu'elle ne s'est jamais bien portée. Elle a vécu comme une toupie d'enfant. Tant qu'il reste une certaine force d'impulsion, cela tourne, puis cela finit par tomber. Aujourd'hui, elle risque beaucoup d'être démembrée. La Russie a déjà commencé l'opération. La Serbie va continuer probablement, quoiqu'elle soit un peu lasse, mais elle ira jusqu'au bout.

Lorsque cette longue guerre sera finie et que les diplomates — sans d'ailleurs consulter les spécialistes — se réuniront autour du tapis vert pour savoir ce qu'il faut faire de ces morceaux, je ne vois qu'une chose à leur dire.

L'Autriche est cassée, mais les morceaux en sont bons. Ramassez-les. Adjudgez à la Russie ce qu'elle a pris, à la Serbie ce qu'elle a pris. Et, du reste, qu'allons-nous en faire ? Nous ne savons pas encore.

Je touche ici à des questions brûlantes et délicates. Nous ne savons pas ce que vont faire les Roumains. S'ils avaient agi, ils auraient le droit de réclamer les millions de Roumains qui sont au sud-est de la Hongrie. Les mériteront-ils ? Je n'en sais rien.

Quant aux Serbes, nous souhaitons qu'ils s'agrandissent et qu'ils constituent cet état que je voudrais voir appeler l'Illyrie et qu'on appellera comme on voudra, mais qui assurera l'équilibre de leur race. On n'entendra plus alors parler des Serbes ; ils auront un débouché sur l'Adriatique, ils n'auront plus qu'à faire du commerce. Remarquez que la rive orientale de l'Adriatique presque tout entière est serbe. Il y a bien quelques colonies italiennes, soumises autrefois à Venise, mais les Italiens ou les Italianisants ne forment qu'une infime minorité.

Un diplomate me disait il y a quelque temps : « Les Italiens vont prendre toute l'Adriatique parce que cette mer est italienne des deux côtés. » C'est une erreur ; l'Adriatique est italienne jusqu'à Trieste, mais le reste est serbo-croate. Ce serait donc une très grosse faute de donner toute l'Adriatique à l'Italie.

Reste maintenant le royaume de Bohême. Si ce royaume se constitue comme je le disais, avec des Slovaques, si, avec la Pologne et la Russie d'une part, avec les Slaves du sud d'autre part, on réussit à former une fédération slave, je crois que cette fédération sera assez forte pour tenir en échec les Allemands et les Hongrois. Les Hongrois sont réduits à la portion congrue, mais ils le méritent bien, parce que leur vie n'a été qu'une longue suite d'iniquités envers les Slaves.

Puissions-nous voir une paix heureuse, une paix équitable, terminer cette longue guerre des nations! Puissions-nous voir ressusciter les peuples slaves si longtemps opprimés et qui sont nécessairement nos amis ! Je voudrais que cette guerre, qui est la plus grande des guerres de l'histoire, en soit aussi la dernière, mais hélas je n'en suis pas sûr.

III

LA RECONSTITUTION DU ROYAUME DE BOHÊME

Le groupe de nationalités connu autrefois sous le nom d'Autriche, depuis bientôt un demi-siècle sous le nom d'Autriche-Hongrie, avait naguère sa raison d'être. Il avait pour objet de grouper les diverses nations danubiennes en un faisceau capable de résister à la pression de l'Empire ottoman. Aujourd'hui la Turquie d'Europe n'existe plus que dans l'imagination de quelques hommes d'État, attardés aux vieilles formules, et le jour n'est pas loin où les Ottomans auront complètement évacué l'Europe ou n'y resteront que pour vivre en sujets soumis des peuples chrétiens.

L'État autrichien a donc perdu sa raison d'être. Il n'existe plus aujourd'hui que comme vassal de l'empire allemand, comme une avant-garde destinée à ouvrir au monde germanique l'accès de Trieste et de Salonique. Et ce n'est pas cette nouvelle incarnation qui est de nature à lui attirer nos sympathies. Nous n'avons aucun intérêt à le conserver. Nous avons au contraire le plus grand intérêt à en recueillir les débris pour constituer des États nouveaux capables d'endiguer l'expansion germanique vers le sud et vers l'est.

Parmi ces États, le plus important est le quadrilatère connu sous le nom de royaume de Bohême, qui s'élève au centre de l'Europe, comme un bastion dressé contre l'Allemagne. C'est, disent les Allemands eux-mêmes, un *un pieu dans la chair allemande*. Mais ce quadrilatère ne représente pas tout l'ensemble de la couronne de Bohême. Il faut y ajouter la Moravie, la Silésie autrichienne qui en ont fait partie de tout temps. Il faut y *annexer* les pays slovaques du nord de la Hongrie où la race tchèque se prolonge en un groupe qui dépasse 2 millions.

Nous obtiendrons ainsi un État de 10 millions de Slaves auxquels il faut ajouter — car on ne peut actuellement les éliminer — 2 millions d'Allemands et d'Israélites dont un certain nombre s'assimileront ou s'exileront d'eux-mêmes le jour où ils sentiront que Vienne ni Berlin ne peuvent plus rien pour eux et qu'ils ne sont pas les plus forts.

Une fois reconstitué, ce royaume de Bohême serait l'avant-garde du monde slave en Occident et serait tout prêt à renouer avec la France les relations amicales qu'il entretenait avec elle à l'époque où il jouait en Europe le rôle d'un État indépendant.

C'est au XIVe siècle que se sont établies les relations entre Paris et Prague et elles ont persisté jusqu'au début du XVIIe (année 1620) jusqu'à l'époque où la liberté de la nation tchèque fut anéantie sur le champ de bataille de la Montagne-Blanche.

Le héros de Crécy (1346) le roi Jean de Bohême est le seul souverain qui soit jamais mort pour la France. Le monument qui lui a été érigé en 1906 près du champ de bataille où il a succombé fut inauguré au milieu des manifestations enthousiastes des délégués de la ville de Prague, du grand-duché et de la ville de Luxembourg. Ce fut une grandiose manifestation où il n'y avait rien de bon pour les Allemands, où le grand-duc, alors vivant, de Luxembourg fut représenté, mais où le roi de Bohême actuel — François-Joseph — brillait par son absence. Le fils du roi Jean, le prince Charles, épousa la nièce de notre Philippe IV, Blanche de Valois. Elle repose à Prague dans la cathédrale de Saint-Vit, œuvre d'un architecte français, Mathias d'Arras, dont le buste figure au triforium de cette cathédrale. A cette époque, de nombreux Bohémiens et Moraves fréquentaient l'Université de Paris, celles d'Orléans, de Montpellier. L'Université de Prague, fondée en 1348, est la fille aînée de l'Université de Paris, et la première dans l'Europe du centre et de l'est. La plupart des théologiens de la période hussite sont des élèves de l'Université de Paris. Au XVe siècle, la Cour de France reçut la visite d'une ambassade bohémienne venue pour solliciter la main d'une princesse royale. Au XVIe, nous trouvons aux côtés de Henri IV un gentilhomme morave, écrivain fort remarquable, Charles de Zérotin. Henri IV, qui savait quel rôle la Bohême indépendante pouvait jouer dans l'Europe centrale, lui réserva une place dans ses combinaisons politiques.

L'asservissement de la Bohême par la maison d'Autriche mit fin à ces relations. Persécutée dans ses traditions de réforme religieuse, dans la pratique de sa langue et de la littérature, la nation tchèque sembla rayée de la carte de l'Europe. Elle était simplement assoupie. Son réveil date des dernières années du XVIIIe siècle.

Dès qu'il sentit se ranimer en lui le sentiment de la conscience nationale, le peuple tchèque comprit que pour arriver à la plénitude de sa vie il lui fallait chercher des alliés intéressés comme lui à secouer le joug de l'Allemagne. Il les trouva d'abord chez les frères slaves. Il prêcha la doctrine de la mutualité, de la solidarité slave, autrement dit, pour employer un mot dont on a souvent mal usé, du panslavisme. Ce panslavisme en passant de la littérature à la politique était le contrepoids nécessaire du pangermanisme qui s'élaborait à Berlin et qui ne dissimule plus aujourd'hui ses ambitions. Il ne s'agit pas seulement pour lui d'unifier le monde allemand, mais d'asservir l'univers. Dans la guerre actuelle nous ne défendons pas seulement notre patrie, mais l'humanité tout entière.

La Bohême régénérée devait nécessairement tourner les yeux vers la nation, menacée comme elle par les ambitions germaniques dont elle semblait hélas! ne pas soupçonner la gravité. J'ai raconté ailleurs ses négociations avec Napoléon III[1]. Pendant la guerre de 1870, la nation tchèque ne dissimula pas ses sympathies pour nous. Des Tchèques combattaient dans nos rangs. Au mois de décembre 1870, les députés tchèques de la diète du royaume rédigeaient un manifeste pour protester contre le démembrement éventuel de la France, autrement dit l'annexion éventuelle de l'Alsace-Lorraine. « La nation allemande, disait ce manifeste, a le droit incontestable de repousser par les armes des attaques dirigées contre son gouvernement; mais si elle voulait arracher par violence à la France un territoire dont la population se sent française et veut rester française, elle ne ferait que violer le droit à la liberté politique de cette nation et mettrait, en agissant ainsi, la force au-dessus du droit. »

A Prague paraissait à ce moment-là un journal français, la *Correspondance slave*, qui avait pour objet d'établir des liens plus intimes entre la France dédaigneuse et ignorante et ces nations slaves qui ne demandaient qu'à être connues et appréciées de nos compatriotes. Au mois d'avril 1871, au moment où la guerre finissait et où il fallait déjà songer à la revanche, je

1. Voir dans le volume intitulé : *La Renaissance tchèque* (Paris. Alcan), l'étude sur *Ladislas Rieger*.

fus appelé à diriger ce journal. J'arrivai à Prague dans les premiers jours d'avril. Je pus constater quelles sympathies avait excitées, si mal conduite qu'elle fût, notre héroïque résistance. Ces sympathies eurent à diverses reprises l'occasion de se manifester. Depuis la conclusion de l'armistice, la surveillance s'était relâchée en Allemagne vis-à-vis de nos soldats prisonniers. Quelques-uns réussirent à s'enfuir de Bavière, de Saxe et de Silésie. Une fois arrivés dans la Bohême slave, ils étaient accueillis au chant de la *Marseillaise*, nourris et abreuvés avec enthousiasme.

Ce qui plus tard resserra surtout les liens d'amitié entre les deux nations, ce furent les fêtes de gymnastique où les *Sokols* tchèques eurent l'occasion de se rencontrer avec les gymnastes français. Si nos souvenirs sont exacts, ce fut à l'Exposition de 1889 que les Sokols au costume pittoresque apparurent pour la première fois à Paris. Nos compatriotes admirèrent leur costume et leurs exercices, mais ne se firent pas une idée très exacte de leur nationalité. La plupart les prirent pour des Hongrois. Depuis les Sokols ont reparu à diverses reprises dans nos fêtes et les gymnastes français sont allés chez eux fraterniser dans des concours solennels. L'accueil qu'ils ont reçu, non seulement dans la capitale, mais dans les moindres villes du royaume, a dépassé les limites de l'enthousiasme. La municipalité de Prague est entrée en rapports intimes avec la municipalité de Paris. On peut voir au Musée

Carnavalet un magnifique album offert à notre capitale. Cet album est accompagné d'une adresse où la nation tchèque témoigne « de son dévouement à la grande nation française, de sa chaleureuse sympathie pour la capitale de la France, qui est depuis des siècles à la tête du progrès humain. »

Parmi les visites échangées, je rappellerai seulement celle de la municipalité de Prague au centenaire de Victor Hugo et au champ de bataille de Crécy (octobre 1906), pour l'inauguration du monument commémoratif, et celle de la municipalité de Paris à l'occasion des fêtes de gymnastique données à Prague en 1912. Je me permets de renvoyer le lecteur — surtout l'ami des beaux livres — à un magnifique volume publié par notre capitale sous ce titre : *Relation officielle du voyage et des réceptions du Conseil municipal de Paris à Prague* (Paris, Imprimerie nationale, 1913).

On peut imaginer quelle pénible impression a produit dans les pays de la couronne de Bohême (Bohême, Moravie, Silésie autrichienne), la déclaration de guerre et avec quels sentiments les Tchèques partent se battre contre leurs amis de France, contre leurs frères slaves, les Serbes et les Russes. Ils savent que l'Autriche sortira vaincue de cette lutte inégale, et ce qu'ils en espèrent, c'est la résurrection de leur nationalité. En attendant, une légion tchèque sert sous les drapeaux de la France, une autre sous ceux de la Russie.

Quand viendra l'heure des négociations, nous avons

le devoir de préparer par tous les moyens possibles la création d'un État de Bohême indépendant, royaume ou république, qui serait notre meilleur allié. Mais cet État ne doit pas seulement comprendre les pays héréditaires de la Couronne de Saint Venceslas, la Bohême, la Moravie, la Silésie ; il doit embrasser les pays slovaques, actuellement soumis à la Hongrie, qui lui apporteraient un supplément de population de 2 millions d'âmes.

Les Slovaques sont très peu connus chez nous. Les répertoires encyclopédiques les ont généralement oubliés ou ne leur ont fait que l'aumône de quelques lignes dérisoires.

Un peuple de deux millions dans une mosaïque de nations, comme l'était l'Autriche-Hongrie, n'est pourtant pas à dédaigner, surtout si l'on considère que ce peuple n'est que le prolongement d'un groupe ethnique beaucoup plus considérable. Les Slovaques occupent, soit en totalité, soit en majorité absolue, dix comitats de la Hongrie du Nord. Ils étaient établis sur le sol du royaume actuel lorsqu'il fut envahi par les Magyars, et, malgré tous les efforts des conquérants, ils ne se sont pas laissé assimiler. La noblesse s'est volontiers magyarisée, mais le peuple est resté fidèle à sa langue bien qu'à l'époque hussite où elle faillit s'émanciper à l'instigation de la Bohême, la Slovaquie soit restée unie à la Hongrie. Mais la prédication hussite, exerça sur elle une influence considérable en appelant à la vie religieuse la langue nationale. Cette langue n'était pas le dialecte slovaque, mais l'idiome tchèque de Hus et de ses disciples. Avec le XIXe siècle, l'avènement des idées panslavistes et les efforts des Hongrois pour *magyariser* tout le royaume une réaction nationale se produisit. D'une part, les Slovaques se rapprochèrent au point de vue politique des Tchèques et des Croates et s'associèrent au congrès slave de Prague. D'autre part, ils soutinrent l'Empereur contre les Hongrois révoltés et réclamèrent l'organisation des pays habités par eux en un groupe autonome. Ces vœux ne furent pas exaucés, mais les Slovaques réussirent à créer des écoles, des gymnases, un Musée et une Société pour la publication des livres écrits dans leur idiome. Les Magyars affectèrent de voir dans ces institutions un danger pour la sûreté de l'état, autrement dit des *manœuvres panslavistes*, fermèrent les Gymnases, supprimèrent le Musée et confisquèrent les fonds affectés à ces œuvres nationales. Depuis cette époque la situation des Slovaques n'a guère été plus heureuse que celle des Polonais en Prusse ou des Français en Alsace-Lorraine. Leurs journaux ont été persécutés; leurs écrivains, leurs hommes politiques ont été jetés en prison. Un système électoral inique leur a interdit à peu près complètement l'accès du parlement de Budapest. Tout en conservant pour les publications populaires leur dialecte local ils auraient tous intérêt à se rapprocher de cette nation tchèque à laquelle ils ont fourni quelques-uns de ses littérateurs les plus éminents, les Kollar, les Stur, les Safarik.

Ils règleront amicalement avec leurs frères tchèques les rapports de l'idiome local et de la langue d'État ; ils fourniront un précieux appoint à une armée nationale qui a gardé vivantes les traditions des guerriers hussites et de Jean Zizka.

Le groupe tchéco-slovaque ferait, comme le groupe sud-slave, partie de cette vaste fédération slave, autrement dite anti-germanique que je rêve de voir organisée sous le double patronage de la Russie et de la France. Privée des Serbo-Croates au sud-ouest, des Roumains de Transylvanie au sud-est, des Slovaques au nord-est, réduite à ne plus opprimer des nations étrangères, la Hongrie se développera dans le sens de sa nationalité propre et son alliance criminelle avec les Germains du Danube et de l'Elbe ne risquera plus de compromettre la paix du monde et l'équilibre européen.

IV

LE PEUPLE SLOVAQUE ET LA BOHÊME

Les remaniements probables de l'Europe à la suite d'une guerre qui sera, nous l'espérons, le triomphe du droit, la perspective d'une liquidation définitive de l'État austro-hongrois[1] ont mis brusquement en lumière une nation dont le nom était et est encore ignoré d'un grand nombre de nos compatriotes, les Slovaques : la *Grande Encyclopédie* leur a fait tout juste l'aumône d'une ligne et renvoie à l'article Slaves, où il n'est point question d'eux. L'*Encyclopédie Larousse* leur consacre en tout vingt-cinq lignes. Ils méritent beaucoup mieux et puisqu'ils sont appelés à jouer le rôle d'amis et d'alliés dans l'Europe nouvelle que nous rêvons, je demande la permission de les présenter au lecteur. Je suis depuis bien longtemps en rapport avec eux. Malheureusement j'ai de trop bonnes raisons pour m'excuser de ne les avoir

1. Voir la *Revue hebdomadaire* du 19 juin. Ce numéro contient une carte ethnographique des pays tchèques où figure la Slovaquie.

jamais visités. C'est, parmi les peuples slaves, avec incognito, les Serbes de Lusace, le seul auquel j'aie fait cette impolitesse. Il m'eût été impossible de passer chez eux et la police magyare, qui sait à quoi s'en tenir sur mon compte, se serait empressée d'abréger mon séjour; peut-être m'eût-elle même offert l'hospitalité dans quelques-uns de ses châteaux. Un touriste qui sait toutes les langues slaves est nécessairement un panslaviste, c'est-à-dire un être dangereux dont il faut se débarrasser au plus tôt.

Je n'ai donc pu étudier les Slovaques dans leur pays; mais j'en sais assez sur leur compte pour affirmer qu'ils sont un des peuples les plus cruellement opprimés de l'Europe et les plus dignes d'intérêt.

Et d'abord où vivent-ils? Je crois bien que, si on posait cette question à tel de nos candidats au baccalauréat, il serait bien embarrassé de répondre. Je n'oserais même pas la poser à tous les examinateurs.

Les Slovaques sont un prolongement de la race tchèque dans la partie septentrionale de la Hongrie. La région qu'ils habitent en masse compacte est limitée : au nord-ouest par la Moravie et la Silésie, à l'ouest par le Danube, au nord par la Galicie, à l'est par les Petits-Russes, un peu au delà de la Ville d'Oujgorod que les Magyars appellent Ungvar, au sud par une ligne irrégulière qui, partant de Poszony (le Presbourg des Allemands), passe au sud de Nytra et de Kosice (magyar Kasso, all. Kaschau) et va rejoindre Ujgorod (mag.

Ungvar). Les Slovaques ne sont pas uniquement concentrés dans ces régions. Ils forment des groupes dans diverses parties de la Hongrie et même jusqu'en Croatie; mais, dans ces études d'ethnographie politique, nous sommes obligés de faire abstraction de ces éléments qui plus tard, comme les colonies d'Amérique ou d'Europe, pourront toujours faire retour à la mère-patrie. Malheureusement pour eux, les Slovaques n'ont nulle part de frontières naturelles. Leurs villes principales, peu connues à l'étranger sous le nom national, sont celles de Trnava, Nytra, Saint-Martin, Levocsa, Presov (Éperies), Kosice (Kasso). Cette dernière ville seule présente une population de plus de cinquante mille habitants.

Si les Slovaques n'ont pas de frontières bien délimitées dans l'espace, ils n'ont point dans le temps ce qui s'appelle une histoire, ou, s'ils en ont une, c'est uniquement celle des persécutions subies depuis des siècles.

Leurs annales primitives se confondent avec celles d'un pays voisin, la Moravie et, après l'invasion magyare, au début du dixième siècle, avec celles du peuple conquérant. Le joug d'une nation allogène était moins lourd au moyen âge qu'il ne le semble aujourd'hui. La population illettrée restait fidèle à ses mœurs et à son langage, et, entre les gens éclairés, la langue latine, langue officielle du royaume, créait une sorte de fraternité intellectuelle. D'ailleurs, le premier roi vraiment chrétien du pays, saint Étienne (998-1038), comprenait et prêchait la tolérance vis-à-vis des races et des langues. Dans les instructions qu'il a écrites pour son fils Emmerich, on lit ces paroles : *Unius linguæ uniusque moris regnum imbecille est*. C'est le contraire de la politique que suivent actuellement les Magyars vis-à-vis des Russes, des Slovaques, des Croates et des Roumains. Peu à peu leurs ancêtres introduisirent dans les régions slovaques des colons allemands et des magnats magyars. Entre l'enclume allemande et le marteau asiatique les pauvres Slovaques étaient fort à plaindre.

Ils subirent le contre-coup des guerres hussites. Un vaillant chef bohémien, peut-être compagnon et à coup sûr disciple de Zizka, occupa les pays slovaques, en fit pendant une vingtaine d'années un État indépendant, quelque chose comme ce que fut plus tard la Transylvanie. Mais ce ne fut qu'une lueur éphémère, et, à dater de la seconde moitié du quinzième siècle, la Slovaquie partagea de nouveau la destinée de la Hongrie magyare.

Néanmoins le hussitisme y laissa des traces profondes et pas seulement dans la vie religieuse. On montre encore des églises fortifiées qui évoquent le souvenir de cette période héroïque.

On les appelle les églises hussites. Nous verrons plus tard quel rôle la tradition protestante a joué dans la renaissance morale de la nation. C'est elle qui maintint la Slovaquie en rapports constants avec la nation tchèque, en dépit des rigueurs de la contre-réformation autrichienne. Après la bataille de la Montagne Blanche où succomba l'indépendance politique et religieuse de la

Bohême (1620), un grand nombre de Tchèques, obligés à quitter leur pays, trouvèrent un asile en Slovaquie.

Au point de vue politique, la nation slovaque traîna une vie purement végétative jusqu'à la révolution de 1848. A ce moment-là, sous le souffle du réveil slave qui lui venait de Prague, la Slovaquie songea à revendiquer ses droits. La Hongrie s'insurgeait contre le gouvernement de Vienne, elle s'insurgea contre le gouvernement de Pesth. Pris entre deux absolutismes, celui de Vienne et celui de Pesth, les Slovaques, comme les Croates et les Serbes, s'allièrent à celui de Vienne, dont ils attendaient le salut. Ce qu'ils demandaient aux Magyars, c'était, en somme, le respect des nationalités, qui est si bien représenté par la Suisse actuelle ; c'étaient, à côté de la diète centrale de Pesth, des diètes nationales.

Comme les Magyars faisaient le sourde oreille, les Slovaques organisèrent à Vienne et à Prague des troupes indigènes, qui tinrent bravement campagne contre l'ennemi. Les Croates opéraient de leur côté sous le commandement de Jelacich. Mais ces petites armées ne suffisaient pas. Comme on sait, il fallut le concours des Russes pour écraser l'armée de Kossuth, et le gouvernement de Vienne « étonna le monde par son ingratitude » envers tous ceux qui avaient contribué à le sauver y compris les pauvres Slovaques.

Lorsque l'Autriche, après la guerre d'Italie, se

décida au régime parlementaire, les Slovaques crurent le moment venu pour réclamer de nouveau.

Leurs prétentions étaient en somme modestes ; ils demandaient à former une sorte de canton, où ils auraient eu le libre usage de leur langue dans l'administration et dans l'enseignement. Bien entendu, ils échouèrent. On sait comment le gouvernement de Vienne pratique la maxime inscrite au fronton du palais impérial : *Justitia erga omnes nationes est fundamentum Austriæ*. Ils essayèrent tout au moins de mettre à profit la loi sur les nationalités, promulguée sous les auspices de Deak en 1868. Mais cette loi n'était qu'un trompe-l'œil, et d'ailleurs les hommes d'État de Budapest avaient contre toutes les prétentions slaves une arme terrible, un argument irréfragable. C'étaient des *manœuvres panslavistes*. Manœuvres panslavistes ! Panslavisme ! C'est la *tarte à la crème* que l'on jette à la tête de tous les Slaves qui rêvent d'émancipation. Et combien je sais de Français et d'Anglais intelligents qui se sont laissés prendre à ce piège si grossier, et qui ont cherché du côté de la Russie un péril qui était beaucoup plus près de l'Occident.

Contre la mauvaise volonté de Vienne et la tyrannie de Budapest, les Slovaques essayèrent pourtant de lutter, sinon sur le terrain politique, tout au moins dans le domaine de la culture nationale. Les Magyars ne pouvaient leur refuser des écoles primaires indigènes. Leur langue est absolument incompréhensible aux enfants des Indo-Européens. Mais ils entendaient le magyariser dès l'entrée au gymnase. Pour échapper à ce péril, les Slovaques avaient réussi à créer trois gymnases soi-disant confessionnels, deux protestants et un catholique. Ils furent fermés au cours des années 1874 et 1875. Les conditions de la librairie sont particulièrement pénibles chez les petites nations, surtout quand leur langue est persécutée. Pour remédier à ces difficultés, les Slaves d'Autriche ont créé à diverses reprises des *Maticas* [1] ou sociétés de coopération, de mutualité littéraire. En 1862, les Slovaques fondèrent une société analogue, qui édita pendant onze ans un précieux annuaire et d'autres utiles publications. Je les ai dans ma bibliothèque et je puis affirmer qu'elles n'offrent aucun danger pour l'intégrité de l'empire ou même du royaume de Hongrie. Mais, en somme, les Slovaques avaient la prétention de multiplier les livres en leur langue. C'était un crime contre la sûreté de l'État. On le leur fit bien voir. En 1875 la *Matica* fut dissoute, ses biens furent confisqués; un service public fut installé dans les bâtiments de la Société. Le prétexte invoqué, c'était, comme toujours, le *panslavisme*. En dehors des biens immobiliers, maisons, collections, etc., la fortune de la *Matica* constituait à ce moment-là environ quatre cent mille francs. Il n'y a pas de petits bénéfices.

Nous nous sommes intéressés, et nous en avions bien

1. Le mot veut dire proprement la Reine des Abeilles. L'équivalent français pourrait être *la Ruche*.

le droit, aux épreuves de nos frères d'Alsace. En Hongrie, il n'y a pas moins de six Alsace, et la Slovaquie est la plus voisine de nous. Tout l'enseignement secondaire s'y donne en langue magyare. Et il est défendu aux élèves de parler leur langue maternelle. Celui qui commet le délit est exclu de l'établissement pour cause de *panslavisme*, il en est de même de celui qui laisse traîner un livre slovaque.

Dans les séminaires catholiques et protestants, on s'applique également à supprimer l'usage du slovaque, si bien que le pasteur peut être hors d'état de communiquer avec tel ou tel de ses fidèles. Celui qui est né dans le *Magyarorszag* (nom officiel de la Hongrie) doit être Magyar, sinon il risque une accusation de haute trahison. L'emploi de l'idiome national est interdit dans l'administration et dans les tribunaux. Le magyar est la seule langue des chemins de fer, des postes, des télégraphes. Les fonctionnaires nés Slovaques sont obligés de dissimuler leur idiome natal de peur de nuire à leur avancement. La Slovaquie, je le répète, est une Alsace slave, à laquelle on impose une langue étrangère qui n'a pas même l'avantage d'être l'allemand. On s'efforce même de faire oublier aux Slovaques leur nom. A Budapest paraît un journal slovaque rédigé sous l'inspiration gouvernementale. Les Slovaques y sont appelés les Montagnards (Horniaky). Les noms slaves des communes ou des indigènes sont magyarisés de toutes les façons.

On peut imaginer quel soulagement apporterait à un peuple si cruellement opprimé son annexion à un royaume de Bohême indépendant.

La langue slovaque, considérée dans son ensemble, n'est qu'un prolongement de la langue tchèque. La langue tchèque, ennoblie par le rôle qu'elle a, depuis Jean Hus, joué dans la vie religieuse, a été la première langue des réformés, relativement assez nombreux dans les comitats slovaques. Au XIXe siècle, l'idiome slovaque s'est émancipé de l'influence tchèque et s'est efforcé de créer une littérature dialectale qui n'est pas sans valeur. Au fond, ce schisme littéraire n'était pas fait pour déplaire aux Magyars, qui, comme l'Autriche, appliquent volontiers la maxime *Divide ut imperes*. Dans cette littérature dialectale et provinciale il y a des œuvres exquises, mais dont le charme échappe nécessairement aux étrangers. A quoi bon citer ici des noms qui n'apprendraient rien au lecteur? La Slovaquie ne vivra réellement que dans une union intime avec la Bohême tchèque. Et la Bohême ne sera vraiment assurée de son existence que le jour où elle fera partie d'une vaste fédération slave, destinée à équilibrer le poids du monde germanique.

C'est ce qu'avaient très bien compris, dès le début du XIXe siècle, deux illustres Slovaques, le pasteur poète Kollar, l'archéologue historien Schaffarik. En 1815, Kollar avait rencontré à Poszony — autrement dit Presbourg — le futur historien de la Bohême, François Palacky : « A mon insu, écrit-il dans ses *Mémoires*, et d'un élan naturel, j'étais entraîné vers ce frère slave d'une amitié plus cordiale que vers aucun Allemand ou Magyar. Déjà mon cœur était pénétré d'un sentiment mystérieux et devinait *que le monde slave doit prendre une autre face et que nous devons constituer une nation.* » Notez ces paroles et rappelez-vous la date : 1815.

Envoyé pour étudier la théologie à Iéna, Kollar se trouvait sur le sol même naguère habité par les Slaves de l'Elbe, depuis longtemps, hélas! germanisés. Le souvenir de ces congénères disparus le hantait sans relâche : « Chaque localité, chaque village, chaque rivière, chaque montagne portant un nom slave, me semblait un tombeau, un monument d'un gigantesque cimetière. Je voulais visiter et étudier toutes les communes qui portaient des noms slaves, et rechercher si l'on n'y trouverait pas encore quelques traces de la naturalité primitive. »

En attendant la réalisation du bel avenir qu'il rêvait pour sa race, Kollar comprenait fort bien que — sauf la Russie — les différents peuples slaves étaient trop faibles pour résister à la pression de leurs ennemis, les Allemands, les Magyars et les Turcs, et il les invitait à se rapprocher par la *mutualité littéraire.* Il eût voulu leur voir prendre pour devise : *Slavus sum; nihil slavici a me alienum puto.* Tout en gémissant sur l'abaissement actuel de sa race, il a une foi indomptable en son avenir!

« Nous sommes, écrit-il, arrivés un peu en retard; mais, en revanche, nous sommes plus jeunes. Nous savons ce que nous devons faire; les autres ne le savent pas! »

C'est dans un grand poème, parfois bizarre et mystique, intitulé *la Fille de Slava*, que Kollar a résumé en sonnets ses regrets, ses rêves et ses espérances. Il y a beaucoup de fatras là dedans. Mais il y a des morceaux achevés et d'étonnantes prédictions. Je cite au hasard deux ou troix sonnets :

« Slaves, peuple à l'esprit anarchique, qui vivez dans la lutte et le déchirement, allez demander des leçons d'union aux charbons ardents.

« Tant qu'ils sont groupés en un monceau unique, ils brûlent et chauffent; mais le charbon s'éteint solitaire quand il est séparé de son compagnon.

« Faites cette joie à votre mère la Slavie : Russes, Serbes, Tchèques, Polonais, vivez en bon accord.

« Alors ni la guerre mangeuse d'hommes, ni les perfides ennemis ne pourront vous entamer, et votre peuple sera bientôt le premier du monde. »

Si Kollar vivait de nos jours, aux peuples qu'il invite à vivre en bon accord il ajouterait les Bulgares, et à eux aussi il dirait : Vivez en bon accord avec vos voisins.

Citons encore cet éloquent appel à la concorde, autrement dit au panslavisme — lequel panslavisme était naturellement l'épouvantail des Allemands et des Magyars :

« Cent fois je vous l'ai dit, maintenant je vous le crie à vous, ô Slaves morcelés; soyons un ensemble et non des fragments; soyons tout ou rien.

« On vous appelle un peuple de colombes. Mais du moins les colombes aiment un colombier commun. C'est la vertu que je vous souhaite.

« Slaves, peuple fragmentaire. C'est l'union qui fait la force, mais le torrent se perd à diviser ses eaux. »

Écoutez encore cette prédiction, déjà en partie réalisée, mais dont la guerre actuelle devra, par le succès définitif des alliés, procurer la réalisation complète :

« Que serons-nous, Slaves, dans cent ans? Que sera toute l'Europe? La vie slave, comme un déluge, étendra partout son empire.

« Cette langue, que les fausses idées des Allemands tenaient pour un idiome d'esclaves, elle retentira sous les voûtes des palais et dans la bouche même de ses adversaires.

« Les sciences couleront par le canal slave; le costume, les mœurs, les chants de notre peuple seront à la mode sur la Seine et sur l'Elbe.

« Ah! si j'avais pu naître à cette époque du règne des Slaves, ou si du moins je pouvais sortir du tombeau! »

Tout ce rêve de Kollar n'est pas encore complètement réalisé ; néanmoins, s'il renaissait aujourd'hui à la vie, il aurait plus d'une occasion de se réjouir et de constater qu'il n'a pas en vain prophétisé.

Schaffarik lui aussi était un Slovaque protestant du nord de la Hongrie. Lui aussi, il était passionné pour le passé et pour l'avenir de sa race [1].

L'ardeur que Kollar avait apportée à la pratique de la poésie, Schaffarik l'apporta à des études scientifiques sur les antiquités, la littérature et la statistique de la race slave. Il ne sortit de son cabinet de travail que pour assister au congrès slave qui s'était réuni à Prague au mois de juin de l'année 1848. Il prononça dans cette circonstance des paroles qu'il est encore bon de rappeler aujourd'hui, et qui trouvent encore chez ses compatriotes slovaques une douloureuse application. On en jugera par ce fragment :

« Quel est le jugement que portent sur nous les autres peuples, nos voisins allemands, magyars, italiens? Sachons le reconnaître, si dur qu'il soit de le proclamer. Ils déclarent que nous ne sommes pas capables de la pleine liberté, pas capables d'une vie politique supérieure, uniquement parce que nous sommes des Slaves. Le Slave, d'après eux, est destiné par la nature à servir des peuples élus, mieux doués et plus nobles.

« Or, que sont-ils ceux qui nous jugent ainsi, ceux qui ont fait peser, qui font encore peser sur nous une

1. Pour les détails sur Kollar, voir mon volume : *Russes et Slaves* (Hachette, 1890) ; et sur Schaffarik : *la Renaissance tchèque* (Alcan, 1911).

main de fer, ceux qui ont tondu la laine de nos brebis, et qui se sont engraissés de la moelle de nos os, ceux qui ont vécu de la sueur de nos laboureurs, ceux pour qui nos fils ont versé leur sang, ceux qui, sous prétexte de nous civiliser et de nous protéger, nous dépouillent de notre caractère slave? Ceux-là, nous les appelons nos oppresseurs, les assassins de nos âmes.

« ... Si nous refusons de nous civiliser à leur manière, c'est-à-dire de nous germaniser, de nous magyariser, ils nous traitent de barbares et d'esclaves.

« Si nous voulons réellement nous civiliser, c'est-à-dire nous slaviser à fond, vivre en Slaves, suivant notre conscience, ils nous traitent de mauvais fils de la patrie, de traîtres, d'ennemis de leurs libertés. Cette situation ne peut plus durer. Le sort en est jeté. L'heure décisive a sonné pour nous plus tôt que nous ne le pensions. Montrons que nous sommes dignes de la liberté. »

Hélas! l'heure décisive n'avait pas sonné en 1848. Espérons que l'année 1915 — ou la suivante — verra se réaliser ces espérances si longtemps ajournées. La guerre actuelle est vraiment la guerre des nations opprimées, et je me prends à lui appliquer le verset de l'hymne catholique :

Mors et vita duello
Conflixere mirando.

V

LA CONFÉDÉRATION ILLYRIENNE

Parmi les nations appelées à profiter de la chute de l'Autriche, figure en première ligne la Serbie. On l'appelle depuis longtemps le Piémont des Slaves méridionaux. Mais on ne se rend pas un compte très exact de l'ensemble des pays qu'il peut avoir la prétention d'organiser. Pour le Piémont, le problème était bien simple, son domaine futur c'était l'Italie tout entière, un des États les mieux dessinés de l'Europe. Pour les Slaves méridionaux, la question est plus compliquée. Ce n'est que tout récemment que le roi de Serbie a démasqué des ambitions, d'ailleurs parfaitement légitimes, et justifiées par les attentats de l'Autriche sur sa nation. Il a déclaré que son royaume devait désormais être le protecteur des Serbes, des Croates et des Slovènes.

Essayons de tracer ici les limites ethnographiques de ce nouvel État, qui pourrait bien très prochainement se réaliser, de dire de quels éléments il pourrait être composé, quelle aire il occuperait sur la carte, quel nom il devrait porter dans la nomenclature politique de l'Europe.

Le groupe sud-slave, autrement dit d'après le mot national *iougo-slave*, autrement dit slovène-serbo-croate et serbe, ou, d'après une appellation que j'expliquerai tout à l'heure, illyrien, se compose en réalité de trois peuples actuellement répartis entre l'Autriche cisleithane [1], la couronne de Hongrie, la Bosnie-Herzégovine, la Serbie et le Monténégro. Les peuples de ce groupe parlent deux langues, le slovène et le serbo-croate; ils écrivent en deux alphabets, l'alphabet latin modifié de signes diacritiques à la manière du tchèque, l'alphabet dit cyrillique (du nom de son inventeur présumé l'apôtre saint Cyrille), analogue à l'alphabet russe, mais augmenté de quelques nouveaux caractères. Notons en passant que les Allemands pratiquent couramment deux alphabets, le nôtre et l'alphabet gothique. Les Iougoslaves professent trois religions, le catholicisme avec la liturgie latine, dans quelques districts la liturgie slave catholique dite glagolitique, l'orthodoxie grecque avec la liturgie gréco-slave. Enfin un petit nombre d'entre eux pratiquent cette liturgie en *union* avec l'Église romaine. Je ne mentionne que pour mémoire les israélites et les protestants, relativement peu nombreux. En somme s'il est quelque part un groupe d'hommes où

1. L'Autriche située en deçà de la Leitha, rivière qui la sépare de la Hongrie.

la tolérance doive être une vertu nécessaire, c'est bien le groupe sud-slave. Les influences éducatrices qui s'exercent sur ce groupe ne sont pas moins diverses que les influences religieuses. Les Slovènes, plus proches de l'Autriche allemande, se ressentent nécessairement de l'éducation viennoise; les Croates ont subi le contact des Magyars et des Italiens. Ils sont d'éducation à moitié latine et le temps n'est pas encore bien loin où le latin était leur langue politique. Les Dalmates, longtemps soumis à Venise, ont nécessairement gardé quelques traditions italiennes, mais qu'on ne s'y trompe pas, si les principales villes ont l'aspect italien pour l'étranger superficiel, le fond de la population est profondément slave et dans la partie méridionale de la province (Raguse, Cattaro) plus portée vers les Serbes que vers les Croates. Les villes sont d'ailleurs des foyers intenses de littérature slave[1].

Les Serbes proprement dits gardent la tradition byzantine, celle de la longue domination musulmane. Les jeunes générations libérales qui ont achevé leurs études à l'étranger apportent l'esprit de l'Occident, les idées de Paris, de Bruxelles, de Genève, de Berlin ou de Munich. Un certain nombre d'étudiants élevés à Prague ou en Russie sont plus imprégnés de slavisme que leurs autres compatriotes.

Ces divers peuples slaves occupent en partie le terri-

1. Voir mon récent volume : *Serbes, Croates et Bulgares* (Maisonneuve, 1913.)

toire des anciens Illyriens auxquels ils se sont substitués lors de la migration des peuples. De 1809 à 1813 les pays sud-slaves qui appartenaient à l'Autriche ont été conquis par Napoléon, ont été organisés sous le nom d'Illyrie française, provinces illyriennes. Le centre administratif était établi dans la ville que les Slovènes appellent Lublania et les allemands Laybach. L'Illyrie était divisée en un certain nombre de départements : Carinthie, chef-lieu Bielak, en allemand Villach; Carniole, chef-lieu Laybach; Istrie, capitale Trieste; Croatie civile, chef-lieu Karlovac ou Karlstadat; Croatie militaire, chef-lieu Gospic; Dalmatie, chef-lieu Zara, enfin Raguse et Cattaro. La création de ce royaume factice, qui englobait les Slovènes et une partie des Croates, fut accueillie avec enthousiasme par un certain nombre de patriotes, notamment par le poète Vodnik qui chanta dans une ode enflammée l'*Illyrie ressuscitée.*

« Napoléon a dit : Réveille-toi, Illyrie... Chez les Slovènes pénètre Napoléon. Une génération nouvelle s'élance de la terre. Appuyée d'une main sur la Gaule, je donne l'autre à la Grèce pour la sauver. A la tête de la Grèce est Corinthe; au centre de l'Europe est l'Illyrie. On appelait Corinthe l'œil de la Grèce. L'Illyrie sera le joyau du monde. »

Charles Nodier, qui fut bibliothécaire à Laybach et rédacteur en chef d'un journal français, *Le Télégraphe illyrien*, puisa dans la société de cette ville l'inspiration de quelques-unes de ses œuvres romanesques et romantiques : *Jean Sbogar, Smarra ou le démon de la nuit.* Les Croates ne se montrèrent pas moins sympathiques aux Français que leurs voisins les Slovènes. J'ai dans ma bibliothèque un livre rarissime — un exemplaire probablement unique dans notre pays. C'est une grammaire française en langue croate — d'après une grammaire allemande qui était à cette époque-là fort à la mode, celle de Mozin. Elle est ainsi intitulée : *Nouvelle Grammaire illyrico-française à l'usage de la jeunesse militaire des provinces illyriennes.* Ce livre est imprimé à Trieste et porte la date de 1812. L'auteur le destinait aux soldats appelés à servir sous les drapeaux de Napoléon. Un an après l'apparition du volume, les provinces illyriennes étaient reconquises par l'Autriche. Le nom de royaume d'Illyrie survécut à la domination française. Cependant l'administration n'avait plus d'unité. Elle se partageait entre Laybach et Trieste.

Ce fut un littérateur croate, Louis Gaj, qui le premier eut l'idée, vers 1835, d'embrasser sous le nom d'Illyriens, les Croates, les Serbes et les Slovènes. Il trouva un appui intéressé auprès de Metternich qui désirait tenir en échec les Magyars. Ce fut lui qui prononça ce mot profond sur lequel Magyars auraient bien fait de méditer : « Les Magyars sont une île qui flotte sur le grand Océan slave. Je n'ai pas fait cet Océan, je n'ai pas déchaîné ces vagues; prenez garde qu'elles ne s'élèvent au-dessus de votre tête et que votre île n'y sombre. » Gaj comparait poétiquement l'Illyrie à une lyre dont les cordes diverses : l'Istrie, la Carinthie, la Croatie, la Dalmatie, la Slavonie, la Serbie ne demandaient qu'à être accordées pour produire des sons harmonieux.

Au bout de quelques années, le gouvernement viennois s'effraya du mouvement illyrien et l'emploi de cette dénomination fut interdite. Mais l'idée subsista. Je l'ai entendu solennellement proclamer en 1867 par un prêtre catholique, le chanoine Raczki, à l'ouverture de l'Académie sud-slave d'Agram :

« Serbes et Croates, nous sommes entrés dès le VIIe siècle dans la sphère de l'Europe chrétienne.

« Nous avons fondé des États libres alors que florissaient, ici la féodalité, là le césarisme. Nous avons, les premiers, établi un rapport légitime entre l'Église et la nation. Nous sommes les premiers, tout en introduisant la langue nationale dans l'Église, restés fidèles au reste de la chrétienté. Notre idiome a régné dans la cité et dans l'Église alors que les autres peuples écrivaient leurs lois dans un latin barbare.

« Nous pouvons affirmer, nous autres Iougo-Slaves, que nous aurions aujourd'hui le même degré de civilisation que l'Europe occidentale si le mahométisme ne nous avait arrêtés au milieu de notre développement. C'est ce que suffisent à démontrer les progrès accomplis dans ce siècle malgré tant d'obstacles. Malgré la différence des noms géographiques, malgré celle des alphabets serbe et croate, nous nous sommes reconnus frères; il n'y a plus ni fleuve, ni montagne entre le Serbe, le Croate, le Slovène et le Bulgare[1]. Nous avons fondé une littérature une et identique sur la base de la langue qui, des bords de l'Adriatique aux bouches du Danube, résonne sur les lèvres de plusieurs millions d'hommes. Le principal théâtre de cette lutte morale a été, est encore le royaume triunitaire[2] et la principauté de Serbie, *ces deux pôles autour desquels gravitent le présent et l'avenir de notre peuple.* »

Pour affirmer l'unité du monde sud-slave, l'Académie, à côté du chanoine Raczki, désignait comme secrétaire un Serbe de Belgrade, le savant philologue Danicitch.

Depuis un demi-siècle les idées ont marché. En dépit d'une censure et d'une police ombrageuse, la conception de l'unité sud-slave a mûri. Le moment est venu de lui donner une forme concrète et définitive. Établie solidement entre les Alpes, le Danube et l'Adriatique, la Confédération illyrienne compterait actuellement onze millions de sujets. Elle sera pour l'Europe orientale un élément d'ordre, de progrès et de paix. J'ose même rêver le moment où, d'accord avec la Roumanie *intégrale*, la Bulgarie *intégrale*, c'est-à-dire accrue de la Macédoine, poussée jusqu'à la ligne Énos-Midias, et la Grèce, elle pourrait faire partie d'une vaste fédé-

1. Hélas il y en a maintenant entre le Serbe et le Bulgare. Mais c'est l'Autriche qui en interdisant aux Serbes l'accès de l'Adriatique a déchaîné un conflit dont elle espérait bien profiter.

2. Croatie-Slavonie-Dalmatie.

ration balkanique dont Constantinople serait la capitale. La question d'Orient serait ainsi définitivement résolue dans l'intérêt de l'Europe et de la civilisation. Mais il ne faut pas soulever trop de problèmes à la fois.

Pour moi, la constitution intérieure de la fédération illyrienne serait celle d'une sorte de Suisse slave, où les cantons autonomes seraient représentés par les pays slovènes, la Croatie, la Dalmatie, le royaume de Serbie, la Bosnie, l'Herzégovine et où Belgrade, siège du gouvernement central, jouerait le même rôle que Berne, dans l'ensemble du groupe helvétique.

TABLE DES MATIÈRES

Saint-Denis. — Imprimerie Vve Bouillant et J. Dardaillon.

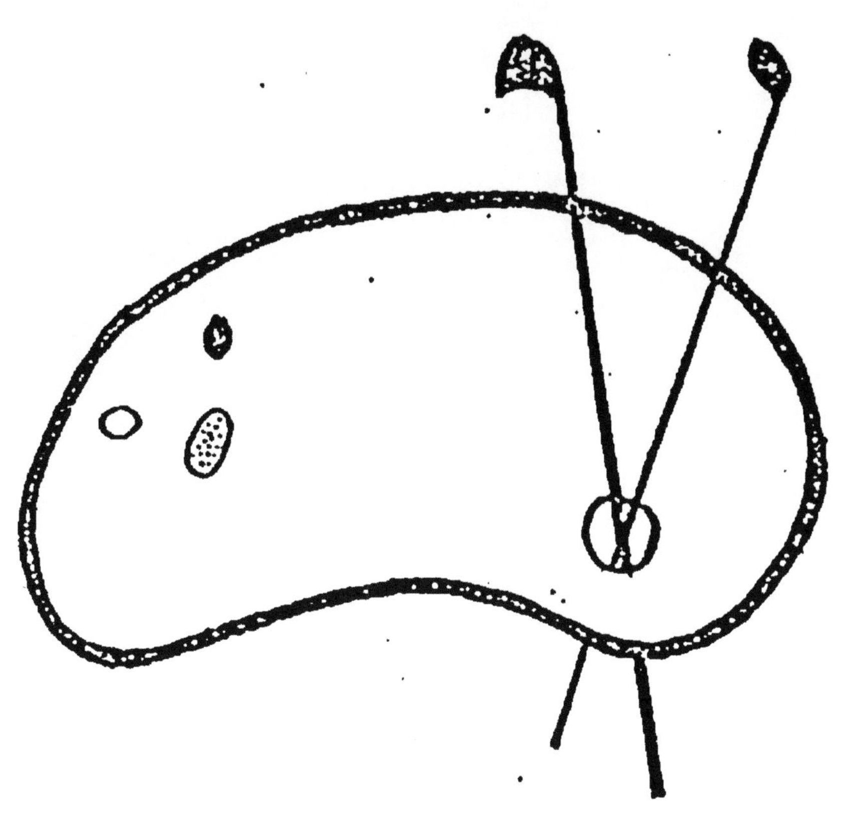

www.ingramcontent.com/pod-product-compliance
Ingram Content Group UK Ltd.
Pitfield, Milton Keynes, MK11 3LW, UK
UKHW022119190726
13855UKWH00003B/963

9 782013 600019